うまい先生に学ぶ
実践を変える2つのヒント

鹿嶋真弓
Kashima mayumi

[編著]

図書文化

はじめに

　子どもたちに「大きくなったら何になりたい？」と聞くと，すかさず「先生！」と答えていた時代は遠い昔になってしまったように感じます。子どもたちは，「先生」の仕事に憧れるというより，目の前の「先生」に憧れていたのでしょう。

　なりたい職業の人気は以前に比べると残念ながら下がりましたが，「先生になりたい！」と教職をめざす学生も多々いることは実にうれしいことです。

　教育学部の学生に「どんな先生になりたいですか？」と聞くと，「子どもの気持ちに寄り添える先生になりたい」「子どもから好かれる先生になりたい」など，期待に胸をふくらませています。

　現在，教育現場でご活躍の先生方も，熱い思いがあって教職に就かれたことでしょう。熱い思いをいまも持ち続けているのに，なぜかうまくいかず，どうしたらいいのか思い悩んだり，一生懸命やればやるほど子どもとの溝が深くなるように感じたり，という先生もいらっしゃるのではないでしょうか？

　実はこの「なぜかうまくいかない」「やればやるほど……」といった繰り返しが疲労感となり，やがて疲弊感へとつながってしまいます。最初のうちは，疲れたと感じても気力でどうにかやり過ごせるのですが，いつしかその気力すらなくなり，バーンアウト（燃え尽き症候群）してしまう先生もいらっしゃいます。

　これが，先生たちを苦しめる，学習性無力感（学習された無気力）という問題です。この学習性無力感は，大きな挫折を1回経験した場合より，小さな挫折を何回も繰り返した場合のほうが陥りやすいのです。

　また，努力しなかった場合より，一生懸命努力しても効果が得られなかった場合のほうがダメージは大きく，学習性無力感になりやすいといわれてい

ます。

　教育現場での課題は一筋縄ではいきません。それゆえ，先生たちはその課題を解決しようと一生懸命に立ち向かうのです。

　先生は教育のプロフェッショナルです。プロフェッショナルとは，その仕事への情熱が第一条件。しかし，情熱だけではなく，そこに技が伴わなければなりません。さらに，立ち止まることなく，常に研究し続ける，現在進行形の人のことです。

　「先生」という私の大好きなお仕事をされている方の情熱の炎が消えて学習性無力感に襲われる前に，本書がお役に立てればと思います。

2016年9月

鹿嶋真弓

うまい先生に学ぶ
実践を変える2つのヒント
学級経営に生かすシミュレーションシートと蓄積データ

Contents

はじめに ……………………………………………………………………………… 3

第1章 「実践がうまくいく先生」は何が違うのか？ …………… 7

- ◪「うまい先生」のうまくいく理由8カ条……………………………………………8

第2章 今日から実践を変える2つのヒントの提案 ………… 17
―――シミュレーションシートと蓄積データ

- ◪実践を変える2つのヒント①「シミュレーションシート」の活用……………18
- ◪実践を変える2つのヒント②「蓄積データ」の活用……………………………22
- ◪「実践を変える2つのヒント」の学術的意義とは ………………………………26

第3章 シミュレーションシート 実践編 ……………… 31
―――学級経営は戦略をもって！

- ◪シミュレーションシートの書き方（例）…………………………………………32
- ◪シミュレーションシート（フォーマット）………………………………………34
  - 事例1：幼稚園 「話を最後まで聞く」という課題にクイズでアプローチ ……………36
  - 事例2：小4 疎外感をもっている子どもがいる学級での仲間づくり……………………40
  - 事例3：小5 児童主体で行う学級会をめざして……………………………………………44

| 事例4：小6 | 固定化した人間関係を打開するために …………………………48
| 事例5：中1 | 認め合う活動で中1ギャップの解消を ………………………52
| 事例6：中2 | 行事への主体的な取り組みで中だるみを防ぐ………………56
| 事例7：中2 | 自己開示とフィードバックが苦手な学級でもできる
　　　　　　　人間関係づくりの授業…………………………………………60
| 事例8：中3 | 生徒の実態に合わせて自己肯定感を高めるリフレーミングの試み ……64
| 事例9：中3 | 映画をヒントにした心をつなげるエクササイズ ……………………68

第4章 蓄積データ 実践編 ……73
──共通軸をつくる！

- ◘蓄積データの集め方・分析の仕方 ……………………………………74
- ◘活用例① 自分の指導行動へのフィードバック ……………………78
- ◘活用例② 学校スタンダードの作成……………………………………84
- ◘活用例③ 個別支援が必要な子どもの課題達成のためのスモールステップ…86
- ◘個人対応のスモールステップ記録用紙（フォーマット）……………90

第5章 2つのヒントの合わせ技 実践編 ……91
──シミュレーションシート＆蓄積データでR-PDCAを！

- ◘「2つのヒント」の両輪で指導のR-PDCAサイクルづくり！…………92
  - | 事例1：小1 | 仲間づくりとルールの定着を図った実践
    ──「2つのヒント」は，引き継ぎ時の資料等，学校全体で活用 ……94
  - | 事例2：小3 | 先生方に協力をあおぎ，実践の見直しを図る
    ──「2つのヒント」で，学級経営案のR-PDCAサイクルづくり‥102

おわりに…………………………………………………………………………109

第1章

「実践がうまくいく先生」は何が違うのか？

「うまい先生」のうまくいく理由8カ条

うまくいく理由❶ 原因を追究しすぎない

　実践がうまくいっているあの先生は，何が違うのでしょうか。
　本章では，「うまい先生」の，うまくいっている理由を浮き彫りにしながら，実践を成功させるための考え方（手法）についてみていきます。
　まず1つめに，うまい先生は，原因を追究しすぎません。追究しすぎるとうまくいかないことを，よく知っているからです。
　「同じ失敗を繰り返さないことが，うまくいく秘訣」ということは，だれもが知っています。そのため，多くの人は，なぜうまくいかなかったのか，失敗の原因を追究し，その原因を取り除こうとします。
　しかし，原因には取り除くことができるものと，できないものがあります。
　例えば，「あの子に登校しぶりが見られるようになったのは，親の離婚（や親との死別など）が原因かもしれない」といった場合，保護者に「離婚を取りやめれば，登校しぶりはなくなるかもしれないので，とりあえず離婚はやめにしませんか」とは言えません。
　あるいは，「あの子の問題は保護者が原因だ。保護者が変わらなければ解決しない」と思い，説得を試みても，なかなかうまくいかず，かえって関係を悪化させてしまい，疲労感ばかり積もる……という場合もあるでしょう。
　時間は有限です。原因追究に時間をかけるのではなく，未来に目を向け，いまできることやしたほうがよいことを探してみてはいかがでしょう。
　原因を追究して取り除くという考え方は，医学の世界ではあたりまえのことかもしれませんが，教育現場には，なじまない場合が多いようです。原因を知ることも必要ですが，追究しすぎないことが大切なのです。

うまくいく理由❷　「解決」にフォーカスする

　原因を追究して取り除こうとする以外には，どんな方法があるでしょうか。
　うまい先生は，なぜうまくいかないかという「原因」ではなく，どうしたらうまくいくかという「解決」にフォーカスします。これを「解決志向ブリーフセラピー」といいます。「ソリューション・フォーカスト・アプローチ（Solution-Focused Approach：SFA）」のことで，直訳すると「解決に焦点を当てるアプローチ」です。
　ただし，ここでいう「解決」とは，「問題解決（Problem Solving）」ではなく，「解決の構築（Solution Building）」のことです。うまくいかない状態が解消するというだけでなく，「新しく何かが構築されること」で，「よりよき未来の状態を手に入れること」を意味します。よりよき未来の状態が手に入ったら，たいていは問題も解決しているということです（森・黒沢，2002）。
　「なぜうまくいかないか」に時間を費やすより，「どうしたらうまくいくか」について考えることに焦点を当てたほうが，より効率がいいのです。

うまくいく理由❸　うまくいっている状況が具体的に想像できる

　うまい先生は，「よりよき未来の状態」を手に入れるために，「うまくいっている状態では，どのようなことが起きているか」について，より具体的に想像できています。実は，ここがいちばん重要なことです。
　さて，想像してみてください。うまくいっている状態では，どんなことが起きていますか？　学級について，個々の子どもについて，なるべく具体的に考えてみてください。そのとき，子どもは何をしていますか？　学級の中で子どものどのような言葉が聞こえてきて，人とどのようなかかわり方をしていますか？　そのときの空気感まで感じることができ，具体的な行動レベルで想像できれば，半分成功です。
　ここでは，この想像の世界を「ゴールイメージ」と呼ぶことにします。ゴールイメージが描けたら，あとは簡単です。ゴールイメージを現実のものに

するために，何をするか考えればいいわけですから。

とは言うものの，「うまくいっている状態」，つまりゴールイメージが想像しにくい方もいると思います。そのときは，うまくいっている先生の学級の様子を観察したり，同僚と一緒に考えてみたりするといいでしょう。リソース（資源）はあなたの周辺に必ずあります。

うまくいく理由❹ 知らないうちにポジティブ思考になっている

ところで，私（鹿嶋）がなぜ解決志向ブリーフセラピーを好み，みなさんにもおすすめするかというと，考え方が私の人生哲学に通じるものがあるからです。そのキーワードは，「幸せ」です。

いま，そして将来にわたって，子どもたちの幸せを願う……これは教師共通の思いではないでしょうか。しかし，子どもたちと一緒に過ごせる時間は有限です。保育園・幼稚園では数年間，小学校では6年間，中学校，高等学校ではいずれも3年間しか，子どもとかかわることができません。ですから，教師には，10年後，20年後の彼らがどのように生きているか知ることはできません。

私は以前に中学校の教員をしていましたが，そのとき私にできたことは，中学3年間で，彼らが幸せを感じることのできるセンサーを磨くことと，心の種をひたすら蒔き続けることでした。そして，解決志向ブリーフセラピーには，そのヒントがたくさん詰まっていると思いました。

幸せの対極にあるものの1つに，ストレスがあります。ストレスは，自分の思うようにいかないときに生じるものです。「なぜ〜」「どうして〜」という嘆きには，「（なぜ）あの人は……」「（どうして）私はあんなことをしてしまったのだろう」という言葉が続きます。つまり，もはや変えることのできない他人と過去の出来事について，私たちは「なぜ」「どうして」と思い悩み，しばしば身動きがとれなくなるのです。

米国の精神科医 エリック・バーンも，このように述べています。「他人と過去は変えられないが，自分と未来は変えられる」と。さらに，これには続

きがあります。「過去は変えられないが、過去の出来事をどう受け止めるかは、いま、変えることができる」と。

ですから、原因追究に時間を割くのではなく、解決志向でいきましょう。

うまい先生は、解決志向ブリーフセラピーの考え方や対応が体になじんでいます。体になじむと、「なぜ〜」「どうして〜」とストレスを感じることが減り、「どうしたらうまくいくか」と、知らず知らずのうちにポジティブ思考になってくるのです。そして、こうした教師の考えや対応が、子どもたちのモデルにもなります。一石二鳥どころか一石何鳥にもなるでしょう。

うまくいく理由❺ 子どもを変えようとせず自分の行動を変える

会いたい、会いたいと強く願っていると、チャンスは巡ってくるものです。2005年4月30日、愛媛県松山市の研修会場で森俊夫先生とご一緒させていただく機会を得ました。そのときサインをしていただいた本が『解決志向ブリーフセラピー』(森俊夫・黒沢幸子著／ほんの森出版社)です。森先生はその本の中で、解決志向ブリーフセラピーの中心哲学として、3つのルールを紹介しています。

> ルール1：もしうまくいっているのなら、変えようとするな。
> ルール2：もし一度やってうまくいったのなら、またそれをせよ。
> ルール3：もしうまくいっていないのであれば、(何でもいいから)違うことをせよ。

子どもを変えようとするのではなく、教師自身の行動(対応や方法)を変えれば、未来は変わります。

もし、現在うまくいっている(あるいは、一度やってうまくいった)ならば、迷わず次もその方法でやってみることです。その方法を繰り返し続けているうちに、それが自分の得意技となり、自信へとつながります。一度うまくいくと、どんなに忙しくても、どんなに時間を費やしても、「達成感＞疲

労感」となるものです。

　もしうまくいかなかったら，潔くほかのことを試してみましょう。うまくいかないことに，いつまでもこだわることはありません。百発百中をめざすのではなく，数打ちゃ当たる！　の心意気です。そして，うまくいったら，迷わず次もその方法でやってみることです。

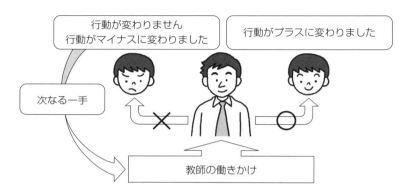

　うまくいかない方法を繰り返していると，ただ単にうまくいかないだけではなく，やればやるほど子どもとの関係が悪くなります。つまり，やっても変わらないばかりか，逆にひどくなるパターンということです。

　また，やっても変わらない苦しさは疲弊感を生むため，「達成感＜疲弊感」となります。いつの間にか負のスパイラルへと突入し，取り返しのつかない事態へと発展することにもなりかねません。

　うまい先生は，うまくいかないとき，子どもを変えようとせず，自分が変わろうとします。「他人と過去は変えられないが，自分と未来は変えられる」ことをよく知っているのです。

うまくいく理由❻　子どもたちの小さな変化に気づくのが上手

　森先生は，著書の中で，3つのルールの前提となる，4つの発想についても紹介しています。以下にあげる4つの「発想の前提」について，例をあげて説明しましょう。

> 発想の前提1：変化は絶えず起こっており，そして必然である。
> 発想の前提2：小さな変化は，大きな変化を生み出す。
> 発想の前提3：「解決」について知るほうが，問題と原因を把握することよりも有用である。
> 発想の前提4：クライエントは，彼らの問題解決のためのリソース（資源・資質）をもっている。クライエントが（彼らの）解決のエキスパート（専門家）である。

〔発想の前提1〕

　うまい先生は，子どもたちをよく見ています。

　日常的にさまざまな場面で観察していると，その子の何がどこまでできているのか，把握することができます。ですから，いままでできなかったことができそうになった瞬間を見逃さないのです。そしてその瞬間，すかさず声をかけるのです。「そう，そう」と。

　子どもたちは，先生に太鼓判を押されると，「このまま進めばいいんだ！」と前に進む勇気が出ます。子どもたちは，常に成長しています。成長することは変化することです。ゆえに，変化は絶えず起こっているのです。その変化に気がつかないでいるのは，もったいないと思いませんか？

〔発想の前提2〕

　うまい先生は，小さな変化を起こすのも上手です。

　変化とはいままではと違う何かをするということです。例えば教室に入るとき，いつもは前から入るけれど，今日は後ろから入ってみるといったことです。前から入ると，そのまま教卓まで歩き，教材を机の上に置いて授業を始める，といった一連の動きしかありません。ところが，後ろのドアから入ると，子どもの机と机の間を通って教卓まで歩いていくことになります。日によって机と机の間を通るルートを変えてみます。たったこれだけの変化で，歩きながら子どもの様子を身近で観察することができ，子どもに太鼓判を押すチャンスを増やすことができるのです。

〔発想の前提3〕

　うまい先生は、「どうしたらうまくいくか」について考えるのが上手です。
　よりよき未来の状態を手に入れるために、どうするか考え、すぐに行動に移すことができます。例えば、クラスの男女の仲が悪い場合、原因を追究したところで、仲よくなるわけではありません。それより、どんな活動をしたら仲よく活動できるか考えたほうが、ずっと効率もいいというわけです。

〔発想の前提4〕

　うまい先生は、子ども自身が問題解決できると信じて対応することが上手です。
　実際の場面を覗いてみますと、うまい先生は子どもの話を聴きながら、「そっかぁ〜（受容）」「で、あなたはどうしたいの？（質問）」といった会話をしています。つまり、答えはその子がすでにもっているのですが、その子自身、答えをもっていることに気づいていない（あるいは、気づかないふりをしている）ことが多いことを先生は知っているのです。

うまくいく理由❼　アプローチの引き出しをたくさん用意できる

　ここで問題です。目の前に大きな扉があったとします。この扉を開ける方法をなるべくたくさん考えて、右の空欄に書いてください。どんな方法でも構いません。方法のよしあしは問いません。時間は1分です。では、どうぞ。

扉を開ける方法をたくさん考えよう！

第1章 「実践がうまくいく先生」は何が違うのか？

　さて，何個書けましたか？　どんなに一生懸命に考えても，1人で書き出すには限界があります。そんなときは，職場の人にも一緒にやってもらうといいでしょう。自分と同じ方法を考えついた人もいれば，自分ではまったく想像していなかったことを書き出している人もいるでしょう。

　実際に研修会等で参加者に挑戦してもらっても，「ノックする」「チャイムを押す」といった一般的な方法から，「火事だ〜と叫ぶ」「お届け物ですと言う」といった相手を動かす方法，「ハンマーで壊す」「鍵を壊す」といったこちら側から一方的に仕かける方法など，多くの方法が飛び出します。

　教育実践も同じです。もし，この扉が子どもの心の扉だったらどうしますか？　心の扉を開くために，手をかえ品をかえ，先生方はいろいろな方法でアプローチしますよね。それでも，自分だけで考えた方法には限界があります。そういうときは，遠慮せず，仲間に相談するのがいちばんということです。三人寄れば文殊の知恵です。

　この手法がダメならあの手法がある，この子にはこの言葉がけが効くだろう……。うまい先生は，アプローチの引き出しをたくさん持っています。

　アプローチのレパートリーを増やすには，どうしたらいいでしょうか。

　課題解決の効果的なアプローチを学ぶため，各種研修会に参加するのも1つの方法です。本屋さんに足を運び，その類の本を探すのもいいでしょう。常にセンサーを張り，気になるものや使えそうなものを書きとめることをおすすめします。名づけて「リソースノート」。リソース（resource＝資源）とは，目的を達成するために役立つ，必要となる要素のことです。例えば，お笑い芸人のネタ帳やお母さんの料理レシピをイメージされるといいでしょう。何よりも大切なことは，ピンときたら実践してみることです。

うまくいく理由❽　「技法・理論・哲学・人間性」のバランスに目を向ける

　ほかにも，うまい先生から学ぶ方法があります。その先生から資料やワークシートをもらってやってみたらうまくいったという経験がそれです。ただし，その先生の資料やワークシートを，そのまままねるだけでは，レパート

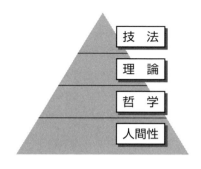

リーは増えません。本物のレパートリーにするには、技法の裏づけとなる理論を知り、技法の意味がわかることが大切です。

技法（自分が実践していること）の意味がわかっていれば、たとえすぐに結果が出ない状況でも、一喜一憂することなく、余裕をもって子どもにかかわることができるようになります。また、必要に応じて、よりよい別のアプローチを検討することもできます。

くれぐれも、理論ばかりが先行して、頭でっかちになったり、逆に小手先の技法にとらわれて溺れたりは、しないでください。あくまでも実践あっての理論であり技法です。また、いくら技法を学んでいても、それを使う人の人間性に問題があると、実践はしっくりきません。それどころか、操作的で欺瞞的になってしまい、結果的にはうまくいかないので注意が必要です。

うまい先生は、技法や理論を支える哲学をもち、それを支える人間性を常に磨いているのです。

以上、実践がうまくいく先生はどこが違うのかを述べてきました。

これらをまとめると、うまい先生とは、「よい結果をイメージする」ことができ、「それに近づくために、子どもの小さな変化を見逃さず、よい変化を起こす方法をたくさん見つけられる」教師と言いかえられます。いまのやり方が、「うまくいっているか、うまくいっていないかを判断」し、「必要に応じて、多くのレパートリーの中から方法を試すことができる」教師ということです。

しかし、本を読んで頭で理解することはできても、具体的に何をどうすればよいのかというと、少し困ってしまう読者もいるのではないかと思います。

そこで本書では、2つのヒントを提案します。「シミュレーションシート」と「蓄積データ」です。

第 **2** 章

今日から実践を変える
2つのヒントの提案
──シミュレーションシートと蓄積データ

実践を変える2つのヒント①
「シミュレーションシート」の活用

学級指導にもストラテジーが必要

　授業を行う場合，書くか書かないかは別として，必ず学習指導案をつくります。教師はみな，学習指導案については，大学の教科指導法の授業で学び，教育現場に出てからも実践に生かしています。

　ところが，日々の学校生活の中で，どのように学級を指導していくか，具体的な学級指導の方法やその指導案の作成方法については，だれからも教わることがありません。

　学級指導については，教師の勘に頼らざるを得ないのが実情なのです。そこには，経験による差のほか，経験だけでは語れない教師の個性や個人差も生じてきます。

　しかしながら，「うまい先生」は，教師の勘だけを頼りに学級指導をしているわけではありません。

　かといって，方針は学年や学校で決まっているからと，ただそれに従うといった人任せにはしません。学級での活動を通して子どもたちに何を伝えたいのか，教師自身がその意義や目的をしっかり理解していなければ子どもに届くはずがないことを，よく知っているからです。

　巷では「学級経営のための技法を習いに講習会やワークに参加したものの，実際の授業ではうまくいかなかった」という声が聞かれます。

　前述したように，実践がうまくいく先生は，技法だけでなく，理論的背景についても学習し，技法と理論を支える哲学をもち，人間性も磨いています。そのため，学級や個々の子どもたちへのアプローチにぶれがないのです。

　また，うまい先生は，教師の思いばかりが先行しても，子どもたちには伝

わないことも，よくわかっています。

　教師の思いや言葉がそのまま子どもたちへ伝わるとは限りません。人は言われたように行動するのではなく，その人が受け止めたように行動するものだからです。

　ですから，うまい先生は，自分の思うような展開に結びつかなかったときは，どうしてそうなったのか，考えられる仮説をたくさん立てることができます。そうすることで，おのずと次の一手を打つことができるのです。

　言いかえると，学級指導のうまい先生には，よりよい実践へとつなげるための，学級指導のストラテジーを立てる力が身についているといえます。

　学級指導にもストラテジーが必要なのです。

　ここで提案したいのが，「シミュレーションシート」の活用です。

　これにより，勘に頼っただけの場当たり的な対応ではなく，子どもたちの様子や学級の状態についてアセスメントし，ねらいを明確にしたうえで，学級指導を行う際のストラテジーを立てることができます。

現在地と目標から，アプローチを考える

　では，シミュレーションシートの実際についてみてきましょう。
　シミュレーションシートは，以下の3ステップで構成されています。

①子どもの様子や学級の状態（現在地）についてアセスメントする。
②そこからめざす学級像をイメージする。
③それを達成するためのアプローチを考える。

　つまり，シートにそって記入することで，学級経営のストラテジーが立てられるようになっているのです。
　以下にシミュレーションシート活用の手順を説明します。

①学級の現在地と課題の見きわめ――「現在地（課題とリソース）」
　子どもの様子や学級の状態（現在地）を把握します（アセスメント）。

このとき重要なことは，どんな方法でもいいので，まずはできるだけ多くの内容を書き出すことです。このとき，課題とともに子どもたちのリソース（資質・よいところ）も書き出します。
　学級の課題の構造や状況把握のために，同僚と話しながら学級の課題を書き出してみるのもいいでしょう。
　現状と課題が明確になることで，めざすものが見えてきます。
②めざす学級像をイメージ──「めざす学級像」「具体的な行動レベル」
　書き出したら，それらを客観的に見ながらターゲットを１つに絞り込みます。課題が多いと，ついあれもこれもと気になるのですが，そこが落とし穴です。一度にすべてを解決できるわけではないので，学級の課題の構造をよく見て，ターゲットを絞り込み，仮説を立てて，授業を組み立てていきます。
　最終的に学級がどうなっていればいいか，子どもたちにどんな行動が増えて（あるいは減って）いればいいのか，「めざす学級像」に記入します。
　さらに，「具体的な行動レベル」欄に，「どんなことが起きていればいいか」を具体的な行動レベルで記入します。
　ターゲットを絞り込む際は，変化を起こしやすい項目を選ぶのがポイントです。しかも，その項目は，だれから見てもわかる「行動」とします。そうすることで，具体的なアプローチが考えやすくなるのです。
　この「構造化」ができるかどうかが，教師の腕の見せどころです。
　なぜ構造化するかというと，より効果的な解決策に，より短時間でたどり着ける可能性が高い方法だからです。
③めざす学級像に達するよう，気づくための活動を考える──「アプローチ」
　次に，その課題をクリアして目標を達成するためには，子どもたちがどのようなことに気づけばいいか，気づくための活動を考え，「アプローチ」に記入します。
　方法は１つではありません。引き出しがたくさんあるに越したことはありませんが，最初からだれもがたくさんの引き出しをもっているわけではありません。仲間と協力し合って方法を考えたり，講習会に参加したり，実践の

経験を積んだりしながら,徐々にレパートリーを増やしていきましょう。

3章では,現場でシミュレーションシートを学級経営に生かしている先生方の実践例を紹介します。

これらを参考に,シミュレーションシートを活用して,教師力をアップしましょう。

● シミュレーションシートで教師力アップ！ ●

めざす学級像	アプローチ
複数の中から変化を起こしやすい項目を1つ選び,ターゲットとする。	仮説を立て,授業を組み立てて,具体的な行動が自然に起きやすい流れにする。
具体的な行動レベル	
どんなことが起きていればいいか,具体的な行動で,なおかつ変化がわかりやすい行動を記入する。	

現在地（●課題と○リソース）

課題の構造をよくみる。
→課題とリソースを記入する。

実践を変える2つのヒント②
「蓄積データ」の活用

うまくいっていない方法に固執しないために

　「うまい先生」は、自分がうまくいっていないときは、うまくいっていないことを、はっきり認識することができます。だからこそ、すぐに切り替えて次の手を打つことができるのです。

　実は、多くの人にとって、ここがいちばんやっかいなところです。さきに「うまい先生は、うまくいかなければ行動を変える」と述べましたが、これがきちんとできる人は、そう多くはありません。人には、うまくいかなかったときは他人のせいにしたがる傾向があるからです。

　「自分はこんなに一生懸命子どもたちのためにがんばっているのに、なぜ彼らはできないのだろう。言われたことをきちんとやらない子どもたちがいけないのだ」「うちの学級には、発達に課題のある子がほかの学級より多いからうまくいかないのは仕方ない。自分は悪くない」といったように……。

　しかし、教師がどんなにがんばっても、どんなに言い訳しても、うまくいっていないことにかわりはないのです。現実の状況に目を背けていると、自分のやっている「うまくいっていないこと」さえしだいに感じられなくなり、負のスパイラルへと突入してしまうのです。

　子どもたちとのかかわりの瞬間の出来事の積み重ねの結果をどうとらえるかによって、自分でも気づかないうちに、指導がうまくいく先生、いかない先生に分かれてしまいます。

　そこで本書では、いままで無意識的であった自分の指導行動について、よい結果になったか否かを客観的に分析して、評価し、改善していくシステムとして、「蓄積データ」の活用を提案します。

蓄積データの活用でメタ認知能力を高める

　どこがうまくいっていて，どこがうまくいかなかったのか，それに自分で気づくことさえできれば，うまくいかなかったことを客観的にとらえることができます。そして，どうしてこのような結果になったのかと，人は自ずと考えはじめます。これを「自己内対話」といいます。

　この自己内対話により，同じ失敗を繰り返さないために次はどうすればいいか，自然と改善策を練るようになるのです。こうして，失敗してもただでは起きない，失敗を糧に成功へと突き進む自己教育力が身についていきます。

　これら一連の流れは，メタ認知能力を高めることで促進されます。

　メタ認知とは，認知に対する認知のことです。

　自分の思考・行動・感情などについて，第三者の視点から客観的にみること。つまり，いまある状況の中で「自分は何ができて何ができないか」「どの程度ならできそうか」など，自分を冷静に分析し，知る，ということです。

　メタ認知能力には，「セルフモニタリング力」と「セルフコントロール力」の2つの力があります。

　セルフモニタリング力とは，自分の思考・行動・感情についてチェックできる能力のことで，セルフコントロール力とは，状況に合わせて自分の思考・行動・感情を修正できる能力のことです。

　メタ認知能力が高くなると，自分で気づき，考え，行動することができるようになります。

　メタ認知能力が高い人は，うまくいかなかったことを他人のせいにすることはありません。うまくいかなかったことを，ありのままに受け止め，どうすれば改善できるかを考え，次なる一手を打てるのです。

　うまい先生は，このように，メタ認知能力が高いのです。

　このメタ認知能力を高めるために有効なのが，本書で紹介する蓄積データの活用です。詳しくは後述しますが，蓄積データの流れは次のようになっています。

蓄積データの流れ

①子どもの課題に対して行った指導行動を具体的に記録する。

②子どもの行動の変化を観察し，分類する。

うまくいった場合（＋）	変化がなかった場合（±） うまくいかなかった場合（－）

結果ごとに共通項を分析・評価する。

うまくいった行動は 継続して行う。	変化がない・うまくいかない指導 行動はやめ，新たな方法を試みる。

ここでは，蓄積データの活用例を3つ紹介します（詳細は4章）。

活用例❶ 自分の指導行動へのフィードバック

　蓄積データは，個人（1人・仲間内）でも，行うことができます。

　実は，蓄積データの記録を自分でつけるだけでも，学級指導に面白いほど効果が出るのです。子どもへどんな対応をしたときに何が起きたかを思い出しながら書くことで，メタ認知が自然と促進されるからです。

　記録の分析は，自分だけで行うもよし，身近な仲間と一緒に行うもよしです。このような体験を一度すると，知らず知らずのうちに，自分の指導行動をメタ認知する癖を脳が覚えてくれます。

　自分のうまくいっていない指導行動に気づき，新たな指導行動へとシフトできるかは，その後の教員生活の中で自己成長し続けることができるか否かにつながるといっても過言ではありません。この方法を知ったいま，試してみてはいかがでしょう。始めたその日から，きっと何かが変わり始めます。

いっぽう，蓄積データを集団（学年・学校）で取り組む場合，蓄積データの一覧表が指導行動のレパートリーを探す際の宝庫になります。「うまくいった場合（＋）」を参考に行ってみて，うまくいった方法は自分のレパートリーに加え，コツがわからない場合は，質問するといいでしょう（4章「紙上交流シート」参照）。

活用例❷　学校スタンダードの作成

　学校全体で蓄積データをとったら，もうひと手間かけることで，オリジナルの「学校スタンダード」を作成することができます。

　学校スタンダードとは，「チャイム着席」などのように，教師も子どもたちもあたりまえのように行っている約束ごとのことです。

　作成方法はいたって簡単です。蓄積データでプラスの結果になった具体的な指導方法の中から，「みんなでやってみたい」と思うものを選び，「○○学校のスタンダード」として設定するのです。

　得られた蓄積データの中から，学校全体で取り組みやすく，取り組むことで変化が見えやすいものを選ぶとよいでしょう。

　学校スタンダードがあると，学校全体で取り組むので，個々の教師の経験年数にかかわらず，指導しやすくなります。子どもたちにとっても，どの先生からも同じように言われるので，行動に移しやすくなります。

活用例❸　個別支援が必要な子どもの課題達成のためのスモールステップ

　蓄積データをとって，教師がこれでもかというほど指導行動を変えてアプローチしても，子どもの課題達成にまったく結びつかない場合があります。

　このような場合，その子にあわせて，もう少し細かく分けて課題設定をすることが大切になります。当初の課題設定は，その子にとってハードルが高かったと考え，ちょっとがんばればできそうな課題を設定し，何段階かに分けてスモールステップを設定し，当初の課題までたどり着けるようにすればいいわけです。そして新たに蓄積データをとるようにしましょう。

「実践を変える２つのヒント」の学術的意義とは

シミュレーションシートと蓄積データが考案された理由とは

　本書では，教師が学級指導の方向性を決めるためのシミュレーションシートと，その方向性にそった指導行動が機能しているかを確認し，どのように指導行動を変えていくかを考えるための蓄積データを，２つのヒントとして紹介しています。

　蓄積データでは，教師がシミュレーションシートで考えたアプローチにもとづき，以下のように，各課題とそれに対して行った指導行動とその結果を記録して，どのような指導行動が有効であったかを記録していくという方法をとります。つまり，この２つのヒントを用いることで，指導のR-PDCAサイクル（Research・調査→ Plan・計画→ Do・実行→ Check・評価→ Act・改善）が確立し，教師は自身の指導行動に自己評価を行うことができるといえるでしょう。

課題	やったこと	結果
授業中さわがしい。	しつこく注意した。	－
授業中さわがしい。	机間巡視を増やした。	±
授業中さわがしい。	授業でやることを箇条書きにして，黒板に示した。	＋

　指導行動の評価は，ある基準にそってされます。この場合，シミュレーションシートに示された方向性（めざす学級像）に，プラスに働いたかマイナスに働いたか，という観点から評価がなされます。したがって，まず，シミ

ュレーションシートで現状の確認とめざす方向性の確認を行い，どのようなアプローチが有効であるか，作戦を練ることが，蓄積データの方法論を活用するうえでも重要になります。

指導行動へのフィードバックを教師が得る意味

　心理学では，評価（フィードバック）が，行為者にさまざまな影響を与えることが研究されてきました。

　ただし，これまでの多くの研究は，「学習の評価が学習者（児童生徒）に影響を与える」ということについて行われてきました。この蓄積データの方法論は，それらの知見を援用し，「指導に対する評価が指導者に影響を与える」という観点で開発されたものです。蓄積データの方法は，心理学のこれまでの知見から，さまざまな有用な効果が期待できると考えています。

①**内発的動機づけが高まり，メタ認知が育つ**

　例えば，いくつかの研究では，他者評価よりも自己評価のほうが，自身の内発的動機づけにつながりやすいことが示されています。

　また，梶田（2010）は，自己評価活動の意義について，

> ①自分自身を振り返り，自己を対象化する結果，メタ認知が成立する。
> ②自己の活動を客観的な視点からみることができるようになる。
> ③自己の活動を吟味した結果，問題点を明らかにすることができる。
> 　さらに，それらによって，
> ④反省観や効力感が生まれる。
> ⑤次のステップについて新たな決意，意欲をもつようになる。

と指摘しています。

②**「どうしたら（解決）」をデータに基づいて発見できる**

　蓄積データの方法論は，人の行動を「どういったときに」「どうしたら」「どうなった」という観点で理解していく応用行動分析の枠組みでも理解す

ることができます。

　応用行動分析では,「どうしたら」の部分, つまり,「行動が実際にはどのような機能をもっているのか」を分析するために, 下記のような3つの観点で行動を理解します。こうした行動理解を「機能分析」ともいいます。

　さきほどの例で, みてみましょう。

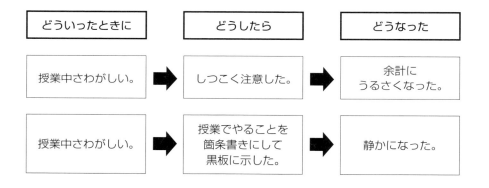

　シミュレーションシートでのアプローチに基づき, 先生は「静かにしてほしい」と思って, 2つのアプローチをとっています。そのうち,「しつこく注意をする」という行動は, 結果として「静かにさせる機能はなかった」と解釈されます。

　いっぽう,「授業でやることを箇条書きにして黒板に示す」という行動は, 結果として,「静かにさせる機能があった」のだと理解されます。

　つまり, 応用行動分析の枠組みでは,「静かにしてほしい」という行動の意図が重要なのではなく,「静かになったか」という行動の結果に焦点を当てて考えます。

　これは, 解決志向ブリーフセラピーの中心哲学の発想の前提3「『解決』について知るほうが, 問題と原因を把握することよりも有用である」と重なる考え方です。

　蓄積データの方法論は, こうした考え方に基づいています。

学習性無力感の解消に有効

　学習性無力感とは,「なぜか指導がうまくいかない…」というような状態がずっと続き,「ああ,何をやってもだめだ」などと,どんな行動をとっても結果が変わらないという考えをもってしまった状態をいいます。いったんこのような状態に陥ってしまうと,「何をやっても結果は変わらない」と考え,努力することができなくなり,抑うつ状態になってしまいます。

　しかしながら,蓄積データで自分の行動を振り返っていくと,「これはよかったぞ」というような指導行動が,1つでも見つかるかもしれません。「ダメではない」ということに気づくことができると,シミュレーションシートで,新しい指導行動を考えていく原動力が得られます。

　解決志向ブリーフセラピーでも,「例外」を重視します。たとえいつもはうまくいっていなくても,「1つでもうまくいっているものが見つかれば,それを繰り返す」——これが解決志向ブリーフセラピーの中心哲学のルール2です。

　例外を見つけることは,「何をやってもダメ」という考えから抜け出すことにつながり,学習性無力感からの解放につながります。そのためにも,指導行動を記録し,評価していくことは重要になるのです。

　シミュレーションシートと蓄積データの2つの方法論は,心理学的な裏づけに基づいて考案された,先生方の実践を変えるためのヒントです。

　ご自身のめざす学級像に向けて,日々の指導行動の結果を自己評価の形で確認していき,うまくいっているものはそのままに,うまくいっていない部分はまた別の指導行動を,と繰り返していくうちに,多くのことに気づかれていくことと思います。

【参考文献】梶田叡一（2010）『教育評価　第2版補訂2版』有斐閣双書

第3章

シミュレーションシート 実践編
——学級経営は戦略をもって！

シミュレーションシートの書き方（例）

❷めざす学級像
①から課題を絞り，最終的にどのような学級，子どもになってほしいのか記入します。

❸具体的な行動レベル
どんなことが起きていればいいか記入します。具体的な行動レベル（目に見えて評価できる形）にしておくと，アプローチ（手だて）が考えやすくなります。

❶現在地
子どもの様子や学級の状態を把握します（アセスメント）。日ごろの観察や面接などから，気づいたこと（学級の強み・弱みなど）をなるべく多く書き出します。いいところを書くことも忘れずに。

　　月　　日　　年　　組（男子：　　名／女子：　　名）

めざす学級像

□友達を大切にする学級。

具体的な行動レベル

話をしている友達のほうにおへそを向けて，うなずきながら話を聞く。

現在地（●課題と○リソース）

●人の話が聞けない。
●授業中，席立ち，私語が多い。

○男女の仲がよい。
○友達同士で協力できる。

第3章　シミュレーションシート　実践編

　本章では，シミュレーションシートを活用した実践例を紹介します（次ページにフォーマットを付けました）。これらを参考に，みなさんもぜひ取り組んでください。
手順は，①〜④の順で考え，記入していきます。
①現在地——学級・子どもの状態（現在地）と課題を見きわめる。
②めざす学級像——ターゲットを絞り，めざす学級像をイメージする。
③具体的な行動レベル——変化を起こしやすい項目を行動レベルで選ぶ。
④アプローチ——課題達成に必要な子どもの気づきを促す活動を考える。

授業担当者：＿＿＿＿＿＿＿＿＿＿

アプローチ

話の聞き方のスキルを身につけるために
（4月，5月）

・話の聞き方がよい人（目で見て聞く子），できていることをほめる，認める。
・うなずきなど，反応するスキルを身につけさせる（形から入る）。
・静かになるまで待ってから話をするようにする。
※3つの合言葉「ありがとう」「ごめんなさい」「いいよ」を大切にする（教師がモデルになる）。

---

❹アプローチ

　アプローチ（めざす学級像に近づくための手だて）は，「めざす学級像」の「具体的な行動レベル」の中から，まずは目に見えて結果が出やすいものを1つ選びます。
　選んだめざす学級像（具体的な行動レベル）に向けて，いつ，何を学級で行うのかを具体的に記入します。
※あれもこれもではなく，まずは，優先順位をつけてスモールステップで進んでみましょう。

【シミュレーションシート（フォーマット）】

　　　月　　　日　　　年　　組（男子：　名／女子：　名）

めざす学級像

具体的な行動レベル

現在地（●課題と○リソース）

©Kashima 2016　鹿嶋真弓・吉本恭子編著（2015）『中学校

授業担当者：＿＿＿＿＿＿＿＿

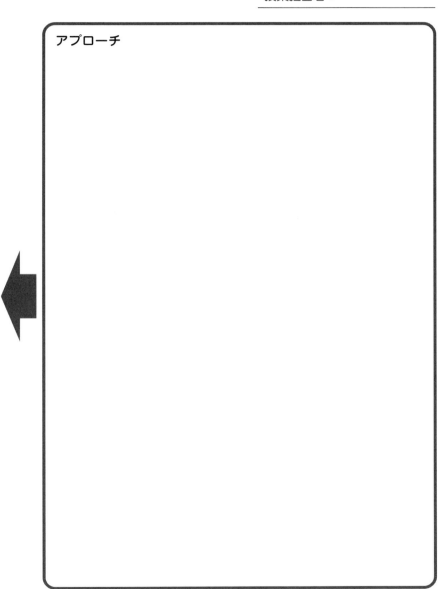

『学級経営ハンドブック学級環境づくり・仲間づくり・キャリアづくり』（図書文化）をもとにアレンジ

事例 1　幼稚園／5歳児クラス

「話を最後まで聞く」という課題に クイズでアプローチ

シート利用の目的　幼稚園教育における集団の課題を整理

　幼稚園の保育室には，個別の机やいすはありません。本園においては，時間割にそった指導もありません。子どもたちは，保育室や園庭という教育環境の中で，自分の居場所を見いだし，自分の興味関心にそって自発的に遊びを展開します。その自発的な遊びを通して，総合的に学びの芽生えを培うことが，幼稚園教育の重要なあり方です。

　このような状況下で，子ども一人一人についての個別的な課題に加え，仲よしグループの課題，クラス集団としての課題等を保育者が把握し，適切な援助を行うことは容易ではありません。そこで，シミュレーションシートを使い，集団としてのクラスの課題を整理できるようにしました。

シート作成時に考えたこと　「話を聞く」という課題に，クイズでアプローチ

①めざす学級像の設定――「先生や友達の話を聞く」

　シミュレーションシートは，通常は現在地から記入しますが，ここでは5歳児の発達段階やクラスの状況をもとに，「めざす学級像」を設定しました。

　「先生や友達の話を聞く」「友達のアイデアや工夫を遊びに取り入れる」「自分たちで遊びや生活を進める」の3点を，育ってほしいと感じる部分（課題）として記述し，その中から，最優先したい項目として「先生や友達の話を聞く」を選択しました。シートを記述する際には，めざす姿がどのような姿なのかを具体的な行動としてイメージするよう努めました。

　この具体的な姿は，アプローチ後に実践を振り返る際の視点となり，課題の解決が図れたかどうかの判断にも役立ちました。

②現在地の確認——リソースの記述で子どもたちのよさに気づく

　めざす学級像を念頭におきながら，現在の子どもの状態をできるだけ具体的に記述しました。①で育てたい部分が明確になっていたため，課題は容易に記述することができました。リソースを記述する過程では，これまで意識していなかった子どもたちのよさに気づくことができ，課題を解決する素地があることを確認できました。

③アプローチの設定——クイズを通して「話を最後まで聞く」必要性を実感する

　まず，子どもたちから「聞く」という行為が引き出される活動にはどんなものがあるかを考えました。「人の話は最後まで聞きましょう」と言葉で諭すのではなく，最後まで聞いたことが役に立つ活動にすることで，聞くことの大切さを子どもたちが実感できるのではないかと思いました。そこで，クイズのように，最後まで話を聞かないと正解にたどりつけない活動をアプローチに設定しました。クイズの問題も，子どもたちの生活にある物（食べ物など）や，興味をもっていること（虫や小動物）を中心に作りました。

シート活用後の成果・留意点　積極的に聞く姿勢が見られるようになってきた

　シートを作成して臨んだことで，ただ楽しくクイズをするだけでなく，聞くという課題を意識した実践ができました。例えば，「最後まで聞くとわかるよ」「聞けるようになってきたね」などと，課題解決に向けた働きかけができたと思います。また，以前なら「どう援助したらいいのだろう」と悩んでしまう場面でも，「聞く雰囲気ができてきたから，少し子どもたちに任せてみよう」「目的とずれてきているから，調整役になってみよう」など，状況に応じた援助がやりやすくなりました。

　実践後，課題の解決にいたったか，アプローチが有効だったかについて検討しました。最初は，聞くことがなかなかできなかった子どもたちも，「最後まで聞くことで正解できる」ことがわかってくると，しだいに話を聞くようになりました。子ども間でもクイズを出し合うようにもなり，積極的に聞く行動が見られ始め，成長が見えたことはうれしい成果でした。

5月 15日　　5歳児　（男子：20名／女子：20名）

めざす学級像
- ☑先生や友達の話を聞く。
- ☐友達のアイデアや工夫を遊びに取り入れる。
- ☐自分たちで遊びや生活を進める。

具体的な行動レベル
- ☑先生や友達の話に耳を傾ける。
- ☑友達とアイデアや工夫を共有できる。

現在地（●課題と○リソース）

- ●先生や友達の話を聞いていないことがある。
- ●友達の思いやアイデアを受け入れにくいことがある（自分のやり方にこだわる）。
- ●意見がぶつかると，けんかになりやすく，話し合いができないことがある。

- ○友達と誘い合って，好きな遊びに主体的に取り組む。
- ○自分の思いを言葉で伝えることができる。
- ○虫や生き物への興味関心が高い。

授業担当者：山下純子（仮名）

アプローチ

先生や友達の話を最後まで聞く。

「クイズわかるかな？」
①教師が作成したクイズを出題する。
②わかった子どもが答える。
③子ども同士でクイズを出題し合う。

★工夫
・クイズの内容を理解し，答える楽しさを味わえるように，最初は短い文章でクイズを作り，答えも簡単なものにする。
・クイズに答える雰囲気ができてきたところで，クイズの文章を長くしていく。最後まで聞かないとわからない内容にし，「聞く」という行為が引き出されるようにする（例：カエルの子どもはオタマジャクシですが，トンボの子どもは何でしょう？など）
・保育者が出題するだけでなく，子どもたちが出題者になる機会ももち，友達のクイズの内容を集中して聞く機会とする。
・人の話を聞かない子どもたちの興味関心が高いものをクイズに取り入れ，集中して取り組めるようにする（虫や生き物に関するものなど）。

事例 2 小学4年生

疎外感をもっている子どもがいる学級での仲間づくり

> **シート利用の目的** 学級課題・個々の課題を結びつけて計画的に考える

　いままでの自分の学級経営を振り返ったとき，子どもの状態や学級の状態（現在地）を見たて，その状態に応じた支援策（アプローチ）を考え，実施するということが十分にできていなかったと感じました。

　学級集団の課題と個々の子どもたちの課題を結びつけて，めざす学級に向けた手だてを計画的に考えるために，シミュレーションシートを作成することにしました。

> **シート作成時に考えたこと** 1回目終了後に出た課題を2回目で再アプローチ

　本学級には，前年度から学級に入ることができない子どもが1人いました。また，教室に入れてはいるものの，やや疎外感をもっている子どももいました。そこで，それらの子どもが，安心してみんなで授業を受け，活動できる学級をめざしたいと考え，1学期のめざす学級像を「みんなで行動できる学級」としました。

　アプローチでは，疎外感をもっている子どもたちが，学級や活動に安心して参加できることをねらいに，仲間づくりのエクササイズを選定しました。

　また，疎外感をもっている子どもの多くが，学習面にも課題をもっており，学習面で自信をもたせるアプローチが必要だと考えました。

　そこで，学校での復習のほかに，家庭での反復学習など，基礎学力の定着をめざして，家庭も巻き込んだ協力体制の視点を考慮しました。

　このような方針で実践した結果，ほとんどの時間において，全員が教室で授業を受け，活動をすることができるようになりました。

夏休みに行われた現状確認のための会において，1回目に作成したシミュレーションシートを，ほかの先生方と検討し合いました。
　そこでは，「全員が教室に入れるようになったものの，担任は，自分が焦点を当てた子どもに目が行きすぎている。ほかの子どもに対しても配慮が必要なのではないか」「そのために，人から言われなければ動けないなどの課題が生じているのではないか」との指摘がありました。
　この指摘を受けて，配慮が必要とされる子どもたちへの支援と同時に，1学期に考えた仲間づくりの活動が，現在地に応じたものになっているのかを見直す必要を感じました。
　そこで，2回目のシート作成では，1学期を終えて新たに生じた「人に言われて行動することが多い」という課題に対し，めざす学級像として，「自分で考えて行動できる学級」，具体的な行動レベルでは，「人から言われる前に行動する」に焦点を当てた新たなアプローチを検討しました。

シート活用後の成果・留意点　自分の学級経営を見直す機会に

　自分の学級経営を検討していくなかで，自分は教師として，「子どもたちや学級を規則正しい枠に入れたいタイプ」であったということに気づきました。
　また，先生方と一緒にシートを作成し，アプローチに取り組むことを通して，いままでのように教師の言うことや価値観を素直に受け入れる子どもや学級にしようとするような，子どもを枠に入れようとするかかわりだけでは無理があると改めて感じました。
　そのような意味でも，シミュレーションシートは，これまでの自分の学級づくりや子どもとのかかわりを振り返り，見つめ直すよい機会となりました。

【1回目】4月30日 4年3組（男子：11名／女子：12名）授業担当者：鈴木純一（仮名）

めざす学級像

☑みんなで行動できる学級。
□友達を傷つけない，自由に意見が言える学級。
□自分で考えて行動できる学級。

具体的な行動レベル

☑みんなで授業を受け，みんなで行動する。
□友達のほうを向いて意見や話を聞く。
□人から言われる前に行動する。

現在地（●課題と○リソース）

●教室に入らない子どもがいる。
●疎外感をもっている子どもがいる。
●学力が低い。
●提出物が揃わない。

○友達がすねたとき，待っている。
○まじめで，協力して活動ができる。

アプローチ

□仲間づくり（不安感を下げるために）
○ソーシャルスキルトレーニングから取り組み，グループで活動できるようにしたい。
○「ほめ方十人十色」「はげまし方十人十色」などの活動を取り入れる。

□基礎学力の定着（勉強がわからないから教室に入らないのかもしれないので）
○加力や放課後の時間を利用して，わり算の筆算，小数のかけ算わり算，概数，図形等の重要教材を反復練習し，学力の定着をめざす。
○本を読むこと，文を書くことを授業に取り入れ，説明文，紹介文，新聞など，さまざまな形で自分の考えや調べてわかったことを書かせる。

第3章　シミュレーションシート　実践編

【2回目】9月17日 4年3組（男子：11名／女子：12名）授業担当者：鈴木純一（仮名）

めざす学級像
- □みんなで行動できる学級。
- □友達を傷つけない，自由に意見が言える学級。
- ☑自分で考えて行動できる学級。

具体的な行動レベル
- □みんなで授業を受け，みんなで行動する。
- □友達のほうを向いて意見や話を聞く。
- ☑人から言われる前に行動する。

現在地（●課題と○リソース）
- ●教室に入らない子どもがいる。
- ●疎外感をもった子どもがいる。
- ●学力が低い。
- ●提出物が揃わない。

- ○友達がすねたとき，待っている。
- ○まじめで協力して活動できる。

2学期の現在地
- ○全員が教室に入るようになった。
- ●人に言われて行動することが多い。

アプローチ
- □仲間づくり（自分で考えて行動できるようにするために）
- ○仲間づくりの活動を継続して行う（友達に対する固定観念を改善する取り組みとして，「あなたはどっち」などを行う）。
- ○学級レクやグループ学習など，自分たちで企画し，活動できる場を設ける（自分の役割を責任をもって果たせる場を設定する）。
- ○話し方のスタンダードを作るなど，アサーショントレーニングを取り入れる（教師がモデルを示したり，ジャイアン，のびた君，しずかさんの言い方を使ってモデルを示したりする）。

事例 3 小学5年生

児童主体で行う学級会をめざして

シート利用の目的　学級会を学級課題の克服のための活動に

　学級会を学級の課題の克服（学級目標の達成）のための活動とするには，どのように指導を行っていくことが必要なのかを，シミュレーションシートを作成することで明確にしようと考えました。

シート作成時に考えたこと　折り合いのつけ方を学び，認め合えるクラスに

　現在地として，学級の子どもたちのリソースをとらえると，少人数学級で一人一人が互いの性格をよくわかっていること，学級内で理由をつけて自分の意見をはっきり言えることがみえてきました。

　課題としては，男女で意見が分かれてしまうこと，友達の意見を受け入れず，自分の意見を押し通してしまうこと，また，お互いの性格をわかっているので，意見が対立したときには「これ以上話してもダメだ」と話し合いを避けてしまうこともみえてきました。

　めざす学級像である「互いに認め合えるクラス」をつくっていくためには，子どもたち一人一人が，互いの話を聴き合い，それらの意見を大切にしながら意見をまとめていくことが大切です。そのためのアプローチとして，今回は，学級会の活用を中心に考えました。

　自己の意見を出し合い，子どもたちの力でまとめていく体験を通して，みんなが「折り合いをつける方法」を身につけていくことが，互いに認め合えるクラスの創造につながると考えました。

　アプローチの実際としては，まず，これまでの学級会を振り返り，子どもたち自身が，自分たちの話し合いの課題だと思うところを話し合いました。

子どもたちの中からも，時間内に意見がまとまらない，意見を曲げず押し通してしまうなどの課題が出てきました。

次に，その課題をうまく解決するスキルとして，折り合いのつけ方（右図）を示し，確認しました。

そして，折り合いのつけ方のスキルを意識して，学級会で話し合いを行い，折り合いをつけていく活動を繰り返し行いました。

折り合いのつけ方
○合体
○つけたし
○新生
○盛り合わせ
○優先順位
△多数決
※多数決は最後の手段

シート活用後の成果・留意点　学級目標の達成が行動レベルで明確化

学級会を行っていくうちに，子どもたちは，多数意見に少数意見をつけたしてまとめる「つけたし」や，いくつかの意見を総合して新たな意見を生み出す「新生」ができるようになり，少数の意見でも認め，大切にできるようになりました。

また，行動レベルで具体的にどうなることが学級目標の達成となるのかが，シミュレーションシートで明らかになり，それを教師が子どもたちに伝えることで，目標達成への道のりが明確になりました。

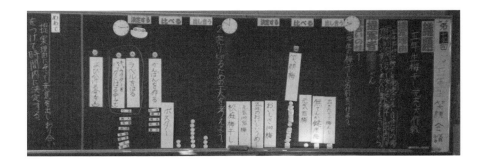

4月 26日　5年　1組（男子：6名／女子：7名）

めざす学級像
- ☐ 元気なクラス。
- ☑ 互いに認め合えるクラス。
- ☐ 最後までがんばるクラス。

具体的な行動レベル
- ☐ 元気に遊ぶことができる。
- ☐ 元気にあいさつができる。
- ☐ 自分の意見を言うことができる。
- ☐ 友達の意見を聞くことができる。
- ☑ 互いの意見を，折り合いをつけてまとめることができる。
- ☐ 目標に向かい，努力することができる。
- ☐ やるべき仕事を，責任をもって果たすことができる。

現在地（●課題と〇リソース）
- ●男子・女子で意見が分かれてしまう。
- ●自己中心的で友達の意見を聞けない子どもがいる。
- ●クラス全体での活動に消極的な子どもがいる。
- ●自分たちの楽しいことに逃げてしまう。

- 〇互いの性格などが，よくわかっている。
- 〇自分の意見を，理由をつけて述べることができる。

参考資料：河村茂雄・品田笑子・藤村一夫編著（2007）

第3章　シミュレーションシート　実践編

授業担当者：田中良平（仮名）

アプローチ

（4月から）
学級会で意見を話し合い，まとめていく体験を通して，「折り合いをつける方法」を身につける。

○これまでの話し合いを振り返ろう。
　・これまでの話し合いの仕方を振り返る。
○折り合いのつけ方を確認する。
　合体，つけたし，新生，盛り合わせ，優先順位
　△多数決　※多数決は最後の手段

○学級活動（1）
　1. はじめの言葉
　2. 議題の確認
　3. めあての確認
　4. 話し合い
　5. まとめ
　6. 振り返り（班・全体）
　7. 先生の言葉
　8. 終わりの言葉

『学級ソーシャルスキル　小学校高学年』図書文化／杉田洋著（2013）『特別活動の教育技術』小学館

事例 **4** 小学6年生

固定化した人間関係を打開するために

> シート利用の目的　**人間関係づくりの授業の流れを考えるために**

「6年生の学級で人間関係づくりの授業をしてもらえませんか」との依頼が筆者にありました。なぜ，いま，依頼があったのか，依頼された学校・学級の先生方の思いは何なのか，担任の先生は，どのようなことに課題を感じ，どのような学級をめざしているのか……こうした話を伺ったうえで授業をお引き受けすることになり，伺った情報をもとに，「さて，どのような授業にしようか」と，流れを考えるためにシートを作成しました。

> シート作成時に考えたこと　**固定化された人間関係の打開策を吟味**

この学級は，全学年単学級の小規模校の6年生です。男子5名，女子2名での人間関係づくりは，難易度がとても高いと感じました。同じ地域で生まれ育ち，互いを知っているとすれば，固定化された人間関係が10年以上続いていると考えられるからです。学級担任のアセスメントによる学級の課題（現在地）の構造をよくみて，どの課題をクリアすることが打開策になるか，まずターゲットを絞り込むことにしました。

課題の中でも，子どもたちが互いに「この人はこんな人と決めつけている」という担任の言葉が気になり，そこから取り組みたいと考えました。成長とは変化することなのに，見方が固定していると，ほんとうは成長している自分にだれも気づいてくれず，フィードバックもしてもらえず，自分の成長に気づくチャンスをなくしてしまうからです。人が自己理解や自己受容をしていくためには，他者からのフィードバックが必要なのです。

そこで，「固定化された人間関係をなくし，互いのいいところを理解でき

るクラス」とめざす学級像を設定し,「○○さんて,意外と〜な,いいところがあるんだぁ」という言葉が子どもたちから自然と出ることをめざしてアプローチを考えました。

　しかし,「いいところ探し」「ありがとうメッセージ」などの活動は,人の行動に目がいくため,つきあいの長い子どもたちは表面上のメッセージになりがちです。ほかの方法に考えを巡らしていると,「二者択一」が浮かびました。お題に対して2つのうち1つを選択し,なぜそれを選んだのかを述べていく活動です。同じものを選んでも,人それぞれ理由が違うこともあります。人の考えを聞くことで意外な一面に気づけたら,ふだんよく知っている者同士だけに,大きな変化が起こるに違いないと考えました。

　ここまで仮説が立てられたので,最後に授業の組み立てを考えました。この学級はかなり手強く,固定化された人間関係を打開するには,初めによほどのインパクトが必要です。そこで,私が子どもの立場だったらと考えて,授業の導入として思いついたのが,見方によって何通りにも見えてくる「だまし絵」でした。パッと見ただけだとおじいさんおばあさんが向き合っているように見えるのですが,よ〜く見ると頬の部分にギターを抱えている人が見え,耳の部分にも人影が見え,中心部にはツボまで見えてきます。子どもたちにこれを見せれば,「じっくり見ていると,パッと見ただけでは見えないものが見えてくる」ことを体験的に理解させ,活動に取り組む必然性を感じてもらえるに違いないと考えました。

シート活用後の成果・留意点　実践前に頭の中で繰り返しシミュレーションを

　骨子が決まったあとは,シートをじっくりながめながら,この授業がうまく流れるか,頭の中で何度もシミュレーションしました。授業がスムーズ流れそうもない箇所については,何度も何度も展開を考え直しました。さらに,何人かの人にも授業案を見ていただき,流れを説明して意見交換をし,留意点などについても確認して授業に臨みました。

5月 18日　6年　1組（男子：5名／女子：2名）

めざす学級像

固定化された人間関係をなくし，互いのいいところを理解できるクラス。

具体的な行動レベル

「〇〇さんて，意外と～（いいところ・すごいところ）があるんだぁ～」といったような言葉が出る。

現在地（●課題と〇リソース）

●固定化された人間関係であまり話さない（男子5名・女子2名）。
●「この人はこんな人」と決めつけている。

〇いじめや仲間はずれなどはしない。
〇言われたことはやろうとする。

授業担当者：高山浩子（仮名）

アプローチ

意外な一面を発見しやすい活動。

①不思議な絵の提示（説得）
・だまし絵3種

②「確かによく見ると見えるんだぁ〜」
　（体験的気づき→納得）

③「二者択一」の発展バージョン
・空欄を作り，自分で二者択一を考える。

④寄せ書きメッセージ
・画用紙の真ん中に各人の名前を書き，それを回しながら全員にメッセージを書いてもらう。

⑤シェアリング
・振り返り用紙に記入。
・教師が全員分，名前を伏せて読み，すべてにプラスのフィードバックをする。

事例 5 中学1年生

認め合う活動で中1ギャップの解消を

シート利用の目的　「この学級ならやっていけそう」という思いを共有するため

　本中学校には2つの小学校から生徒が入学してきます。新しい友達や先生との出会いに期待で胸をふくらませている生徒，小学校とは違う新しい環境や新しい人間関係に不安を抱えている生徒，中学受験に失敗し，入学をきっかけにリセットをして新しい自分になろうとしている生徒もいます。

　そんなさまざまな思いをもって入学した生徒たちに，最初に感じてもらいたいのは，「この担任の先生となら1年間やっていけそうだ」「こんな友達のいるクラスなら1年間やっていけそうだ」という思いです。そして生徒たちだけではなく，1年生を担任する教師にも同じ思いを感じてほしいと願い，シミュレーションシートを作成することにしました。

シート作成時に考えたこと　「互いのよさを認め合う」活動をアプローチに

　生徒たちが小6の3学期に小学校を訪問したときには，最高学年としての自信と責任感に満ちていました。ところが中学校に入学して新入生となったとたんに，自信たっぷりの様子は消え去り，緊張した様子で周りの友達の様子を伺っています。小学校のときにクラスのまとめ役だった生徒も，まだその頭角を現すことはありません。学年の様子としては，学力はあまり高くありませんが，まじめで班学習においても仲よく話し合う様子がみられ，教師の指示にも素直に従うことができます。不登校傾向の生徒と，集団が苦手で別室で学習をしていた生徒が数人います。

　学級担任は，前年度の3月に卒業生を送り出したばかりで，新たに受けもった1年生たちには，3年後には自分で進路を選択し，進みたい道を自分の

力で切りひらく生徒になってほしいという願いをもっていました。さらに，前年まで担任していた生徒たちの3年間の実践を振り返って，うまくいったことは自分のリソースとして，この学年でも続けてやりたいという意欲をもっていました。

そこで，めざす学級像を「お互いのよさを認め合えるクラス」とし，教師も生徒も，いままで知らなかったお互いのことをよく知り，もっと深くつながることのできる活動を，アプローチとして設定することにしました。具体的には，本校で定番となっている「担任の先生を知る Yes, No クイズ」「名刺交換」のエクササイズを選びました。

活動の工夫では，「この担任の先生となら1年間やっていけそうだ」と感じさせるためには，教師の自己開示が鍵を握っていると考え，担任が思いを語ることを重視しました。活動前に，「何のためにこのエクササイズをするのか」「この時間をみんなにどのように過ごしてほしいのか」を教師が自分の言葉で語ったうえで，1時間の授業が終わった後に「みんなにどのような姿になっていてほしいか」を伝えることができれば，生徒たちは中学校生活の明確なゴールイメージをもつことができるでしょう。

また，「Yes, No クイズ」は，教師の自己開示のチャンスです。生徒たちが親しみを覚えそうな内容や担任の意外な面をクイズにしました。

「名刺交換」では，名詞の裏に，①好きな教科，②中学校でがんばりたいと思っていること，③自分を動物に例えたら，の3つを書くことにしました。名刺は前もって学活の時間などに書いておき，これを使ってどうするのかと，そのときから生徒たちがワクワクするようにしました。

シート活用後の成果・留意点　活動はまず教師自身が体験を

「担任の先生を知る Yes, No クイズ」の実践前に，本校では，毎年春休みの職員会議の中で「校長先生を知る Yes, No クイズ」を実施しています。まず教師が自分で体験することで活動のねらいに迫りやすくなり，いままで実施した経験のない先生にも，活動のイメージがもちやすくなっています。

4月 15日　1年　1組（男子：15名／女子：17名）

めざす学級像

お互いのよさを認め合えるクラス。

具体的な行動レベル

「○○さんすごいね」とか「なるほど，そんな考え方もあるね」という友達のことを認める声が聞こえてくる。

現在地（●課題と○リソース）

●人の話を聞けていないときがある。
●人間関係に偏りがある（特に男女の仲がまだ希薄）。
●小学校からの不登校傾向の子どもがいる。
●チャイム席が守れないことがときどきある。

○各小学校の壁がなくなり，落ち着いて授業を受けることができている。
○班学習においても仲よく話し合うことができる。
○中学校生活を前向きにがんばろうとする様子がみられる。

授業担当者：足立恵子（仮名）

アプローチ

いままで知らなかったお互いのことをよく知り，もっと深くつながることができる活動。

①名刺交換
・表には自分の名前，裏には好きな教科と中学校でがんばりたいこと，自分を動物に例えたら何になるかを書いた名刺を1人10枚用意する。
・教室の中を自由に歩き，出会った相手とジャンケンをして，勝ったほうから自己紹介をしながら名刺を渡す。

②担任の先生を知る Yes, No クイズ
・男女混合の4人組をつくる。
・ワークシートに書いている担任に関する10問のクイズについて，グループで Yes か No を相談して決めていく。
・担任が答えを言って答え合わせをする。

③シェアリング
・ワークシートに感想を記入する。
・グループで感想を話し合う。

事例 6　中学2年生

行事への主体的な取り組みで中だるみを防ぐ

シート利用の目的　中2の2学期を踏ん張るための一工夫を考えるため

　中学2年生は，秋には3年生が部活動を引退し，新しい部長を中心に，2年生がかなめとなって1年生を引っ張っていくようになります。生徒会の役員選挙も行われて，新役員にバトンタッチされ，中堅学年として学校の中心になって自分たちが活動する番だという意識が芽生え始めます。

　しかし，何もかもが初めてで，先輩たちの様子を見ながらドキドキと体験した1年生のときのような「初めての」もなく，3年生のように「最後の」でもない2年生は，1年生のときと同様に行事の取り組みをしていたのでは，「中だるみ」を起こす危険性もあります。そこで，充実感が下がりやすい2年生の2学期を「踏ん張る」ための一工夫を考えるために，シミュレーションシートを作成しました。

シート作成時に考えたこと　行事に積極的になれない学級へアプローチ

　事例のクラスは，学力が高く，テストも学年一番で，静かに授業を受けることができます。係の仕事もそれぞれにできています。しかし，クラスの中にいくつかのグループができていて，人間関係が固定化し，特に，行事には積極的に取り組めないことが課題でした。そこで，「行事に向けて主体的に取り組み，充実感や集団としての達成感を味わうことのできるクラス」をめざす学級像とし，行事が終わった後に，教室のあちこちから感動の声が聞こえるような姿をイメージしてアプローチを考えました。

　本校では，秋の文化発表会の中で合唱コンクールが行われます。全クラスの中から優秀賞5クラスが選ばれ，その中から1クラスが最優秀賞に選ばれ

ます。全クラスが最優秀賞をめざして,心を一つにしてがんばります。合唱では,お互いを信じることができなければ,揃って第一声を出すことができず,きれいなハーモニーを奏でることもできません。しかし,こういったクラスで,いきなり「一致団結してがんばろう!」と旗を振っても,担任の思いはすぐには伝わりにくいと思われます。そこで,この行事をターゲットにすえ,クラスの仲間のことをお互いに意識しながら,ジワジワと盛り上がる方法はないかと考え,「折り鶴へのメッセージ」を行うことにしました。

合唱大会当日,互いを信じて第一声を出すことができる仕かけが,この折り鶴です。クラスメイトからの秘密のメッセージが書かれた折り鶴を一人一人が制服のポケットに忍ばせ,互いの思いを感じながらステージに立ちます。自分の受け取った折り鶴に,だれがどんな気持ちでメッセージを書いてくれたかを想像し,お互いにつながっていることを感じながら歌う合唱曲は,聴く人の心を打つものになるでしょう。折り鶴は,ポケットにそっと忍ばせるのにぴったりのサイズです。小さな折り鶴が,全員のポケットの中で,みんなにエールを送ってくれることで,クラスの連帯感が高まり,心が一つになる瞬間を味わうことができます。

歌い終わった後,教室に帰って,ポケットから取り出した折り鶴を開く瞬間にも仕かけがあります。破かないように「何が書かれているんだろう」と,そっと解きほどいていくときのワクワク感。開いた後の折り鶴は,台紙に貼って掲示するか,もう一度折って糸でつないで教室に吊るしておけば,しばらく余韻を楽しむことができます。

シート活用後の成果・留意点　心を一つにする方法をシート活用で考える

行事のたびに「一致団結」「心を一つにしてがんばりましょう」などといわれます。「心を一つに」するには,クラスで共通のシンボルを作る,あるいは,折り鶴でお互いのことを感じながら合唱コンクールのステージに上がるのも一つの方法です。こうした方法を考える際には,シミュレーションシートがおおいに役立つのです。

10月18日　2年　1組（男子：15名／女子：17名）

めざす学級像

行事に向けて主体的に取り組み，充実感や集団としての達成感を味わうことのできるクラス。

具体的な行動レベル

合唱コンクールが終わった後，教室のあちこちから感動の声が聞こえる。

現在地（●課題と○リソース）

●男子の中に遅刻やベル着が多い。
●周りの友達の気持ちを考えずに発言する生徒がいる。
●提出物や宿題などの忘れ物が多い。

○女子は落ち着いた生徒が多く，行事に真剣に取り組むことができる。
○1年生のときは守れなかった授業規律が，少しずつ守れるようになった。

第3章　シミュレーションシート　実践編

授業担当者：野口真理（仮名）

アプローチ

クラス全員が感動し,「心が一つになる」瞬間をつくりあげることができる活動。

①「折り鶴にこめたメッセージ」
  ・折り鶴に込められた意味を説明する。
  ・メッセージを書く。
  ・メッセージが内側になるように折り鶴を折って,出来上がったら小さな箱に入れて回収する。
  ・折り鶴を引く。
  ・教室を出るときに制服のポケットに折り鶴を入れる。
  ・ステージに立ったら,もう一度ポケットに入っているか確認する。
  ・教室に帰って折り鶴を開き,メッセージを読む。

②シェアリング
  ・振り返り用紙に記入する。
  ・教師が全員分,名前を伏せて読む。
   （BGMに合唱曲を流す）

事例 7　中学2年生

自己開示とフィードバックが苦手な学級でもできる人間関係づくりの授業

シート利用の目的　現在地・めざす学級像等を担任と共有

　中学2年生の学級で人間関係づくりの授業をしてほしいと依頼を受けて，シミュレーションシートを作成しました。目的は2つです。1つめは，依頼を受けて新たに作成したエクササイズを，初対面の子どもたちと行うことへの自分の不安感を軽減するため。2つ目は，学級の様子（現在地）やめざす学級像，具体的な行動を，担任の先生と共有したかったからです。

　複数の教師が連携する場合，現在地とめざす学級像，そのために行う具体的な行動を共有できるか，チーム力を試されるところでもあります。そして，そこを明確にすることで，どのような授業をしたらよいか，より具体的な仮説を立てることができると思ったからです。

シート作成時に考えたこと　人とのかかわりが楽しいことを体験する活動を

　学級の子どもたちは，学力も高く，まじめで何ごとにも一生懸命ですが，学級の雰囲気はとても硬く，自由度の高い活動は苦手ということでした。担任の先生は，子どもたちが安心して，自由に自分の考えを伝え合える授業ができることが夢だと言います。また，子どもたちは，構成的グループエンカウンターで重要な自己開示とフィードバックが，苦手ということでした。

　しかし，だからこそ，「人とかかわることは，こんなに楽しかったのだ」と，彼らに思ってもらえるような体験をしてほしいと思いました。そこで，考え抜いたアプローチが，「ジョハリの窓ゲーム」と「あなたの印象」です。めざす学級像は，「安心して人とかかわることができ，そのことを楽しいと感じられるクラス」とし，活動終了時間になっても「まだやりたい」と

いう言葉が聞こえてくることをイメージして、アプローチを考えました。

　活動の工夫では、どうすればこの活動が、自分にとって意味のあるものと感じてもらえるかを、はじめに考えました。理解力の高い子どもたちなので、拡大した「ジョハリの窓」を黒板に掲示し、「自分の知っている自分」と「他者の知っている自分」のクロスしている窓（明るい窓）を広げることの大切さを説明することで、動機づけを高めることにしました。

　次に、言葉で話すことが苦手でも、考えや思いが安心して伝えられる活動にする方法を考えました。「自分の言葉で話せなくても、書くことだったらできるかなぁ」「書くことにも抵抗があるようだったら、いくつかの項目から自分にしっくりくる項目を選んでさし示すことならできるかなぁ」などと考え、指さし作戦で「ジョハリの窓ゲーム」をすることに決めました。

　最後の難関が、人と活動することへの不安や緊張感の軽減でした。このクラスの場合、不安や緊張は「人とどのようにかかわったらいいのかわからないことへの抵抗」であると考えられます。そこで、かかわり方のマニュアルを作ることにしました。「○○さんの〜は、せーの、ドーン」「ほんとうの○○さんは、せーの、ドーン」というかけ声で、「ドーン」のときに、いっせいに自分の答えを指で示せばいいわけです。これならだれでもできそうですし、活動終了後、子どもたちはきっと自分でも想像できないくらい、自己開示やフィードバックができたことに気づくでしょう。

　ただし、「あんなに夢中になって参加しないほうがよかった」と後悔する子どもを出さないために、「あなたの印象」も行い、夢中になって活動した私が周りの人にはどう思われているのかをフィードバックしてもらうようにしました。これで、子どもたちもホッとできるでしょう。

シート活用後の成果・留意点　シートに書き留めた考えを教師間で共有

　このような人間関係づくりを行う際のティーチャーズシンキングをシートに書き留めることで、多くの先生方と共有することができ、研修会等でも活用することができました。

12月 1日　2年　1組（男子：18名／女子：16名）

めざす学級像

安心して人とかかわることができ，そのことを楽しいと感じられるクラス。

具体的な行動レベル

人とかかわりながら活動し，終了時間になっても「まだやりたい」という言葉が聞こえてくる。

現在地（●課題と○リソース）

- ●自分のことを話せない（自己開示が苦手）。
- ●相手のことをどのように思っているか，どう感じたか話せない（フィードバックできない）。
- ●人の目が気になり，不安や緊張感がある。
- ●人とのかかわり方がわからない。

- ○言われたことはまじめに取り組む。
- ○人とかかわりたいという気持ちはある。

授業担当者：新井弘美（仮名）

アプローチ

自分の言葉で話せなくても，考えや思いを安心して伝えられる活動。

①「ジョハリの窓」を説明（説得）。
・拡大したジョハリの窓を準備。

②かかわり方のマニュアルを伝える。
・「○○さんの〜は，せーの，ドーン」
　「ほんとうの○○さんは，せーの，ドーン」

③ジョハリの窓ゲーム
・グループごとに1セット準備する。

④あなたの印象
・3つだけ○をつける。

⑤シェアリング
・振り返り用紙に記入。
・教師が全員分，名前を伏せて読み，すべてにプラスのフィードバックをする。

事例 8　中学3年生

生徒の実態に合わせて自己肯定感を高めるリフレーミングの試み

シート利用の目的　アプローチの配慮や工夫点を見きわめるために

　ある中学校から，「進路相談の最中なのに，自信をなくして現実逃避している3年生に対し，やる気が出るような，自分にもこんないいところがあったという実感がわくような体験をさせてあげたい」という相談を受けました。子どもたちは，受験の願書と一緒に提出する自己PRカードにも，自分の長所が書けず，担任はその指導に苦慮しているとのことでした。

　めざす学級像は「だれもが自己肯定感のもてるクラス」。自分の長所が1つは書けるようになることが具体的な目標でした。

　進路意識を高める構成的グループエンカウンターは何度か実施したことがありますが，集団が変わればアプローチの仕方も変わります。どこに配慮が必要で，どのような一工夫があるとうまくいくのかを見きわめるために，シミュレーションシートを作成してみようと思いました。

シート作成時に考えたこと　文字を書くのが苦手な子どもへどう配慮するか

　担任への聞き取りから，子どもたちは全体的に自己肯定感，学習意欲が低く，多くの子どもが授業中にノートもとらず，文字を書くことすら嫌がることがわかりました。そう聞いて真っ先に思い浮かんだアプローチが「リフレーミング」です。ただし，学力が低ければ語彙も少ないことが予想され，短所を長所に言いかえる作業がうまくいかないことが心配されます。

　一般に，子どもが課題に取り組まない（取り組めない）場合，考えられる原因は2つです。課題が彼らのレベルにマッチしていない場合と，課題への取り組み方がわからない場合です。この子どもたちには，このあたりに配慮

と一工夫が必要のようです。

　まず，振り返り用紙への記入以外は，文字を書く作業は極力控える方針にしました。次に，文字を書かずにリフレーミングを行う方法を考えました。以前に中学１年生で「リフレーミング」を行ったときは，子どもたちの語彙が少ないので，リフレーミング事典を必要に応じて配布し，それを参考に友達の短所を長所に書きかえました。しかしその場合でも，ワークシートに文字は書きました。まったく文字を書かないとなると，考えられるのは，プリントにマーカーを引く作業くらいです。

　そこで，２種類のリフレーミング事典を用意しました。１つは，リフレーミング前の言葉（短所）だけが印刷された用紙（Ａ）と，リフレーミングの前後の言葉（短所と長所）が印刷されている用紙（Ｂ）です。

　初めに（Ａ）の用紙を配布し，自分の気になるところに，いくつでもマーカーを引くように指示します。自己肯定感の低い子ほどたくさんマーカーを引くことになります。気になる短所にすべてマーカーを引き終えたところで，（Ｂ）を配布します。さきにマーカーを引いた（Ａ）の用紙を（Ｂ）の用紙に重ね，短所の横にある言葉（長所に言いかえた言葉）までマーカーの線を延ばさせます。たったこれだけのことですが，マーカーを引くときに，自然と言いかえられた言葉が目に入るので，子どもの顔が明るくなっていきます。

　その後は，振り返り用紙に，この活動を通して感じたこと，気づいたことを書いてもらいました。このとき，不思議なことが起こりました。あれだけ文字を書くことを嫌がっていた子どもたちなのに，心が動くと何か書きたくなるものなのです。振り返り用紙を集めて，記入者の名前は伏せてランダムに読みあげ，全員にプラスのフィードバックをしていきました。

シート活用後の成果・留意点　活用後にはバージョンアップを図る

　何でも，やりっ放しがいちばんよくないので，本シートも行うたびに少しずつバージョンアップしていきます。少しの工夫や子どもへの配慮事項などを書き足しておくことで，バリエーションが増えていきます。

10月18日　3年　1組（男子：15名／女子：17名）

めざす学級像

だれもが自己肯定感のもてるクラス。

具体的な行動レベル

自分の長所が1つは書ける。

現在地（●課題と○リソース）

●自己肯定感が非常に低く，自分の長所が言えない。
●進路選択を前に，自暴自棄になっている生徒が続出。
●学習意欲も低く，全体的にパワーダウンしている。

○みんなでの活動は取り組もうとする。
○3年生になってからは，エスケープがなくなった。

授業担当者：富田陽子（仮名）

アプローチ

自分と向き合いながら，自分の短所も見方を変えれば長所になることから，自分でも気づいていない，いいところがあることを知ることのできる活動。

①「ルビンのつぼ」を提示（説得）。
・ほかにも似たような絵があれば提示する。

②リフレーミング
・リフレーミング事典（2種類）を準備。
　リフレーミング前だけが印刷された用紙（A）。
　リフレーミングの前後が印刷されている用紙（B）。

③シェアリング
・振り返り用紙に記入。
・教師が全員分，名前を伏せて読み，すべてにプラスのフィードバックをする。

> 事例 9　中学3年生

映画をヒントにした
心をつなげるエクササイズ

シート利用の目的　3年間共に過ごした仲間との思い出の共有を図る

　中学校の3年間は，一生の中で最も不安定な時期です。ある本では思春期の不安さを，「まるで嵐の夜に吊り橋を渡るような」と表現していました。そのような嵐の時期を経ることで，生徒たちは自分を客観視できるようになり，やがてアイデンティティ（自分らしさ）を確立していきます。

　そんな入学したときとは見違えるように成長した彼らにぜひ体験してほしいのは，3年間生活を共にしてきた仲間との思い出の共有です。一人一人の経験や価値観は違っていても，実はだれもが嵐の時期を乗り越え，そこには同じ感情が流れていたことを共有してほしいのです。その願いをかなえるために，シミュレーションシートを作成しました。

シート作成時に考えたこと　共通体験をとおして感情の交流を図る

　アプローチとして考えたのは，「ホットライン」というエクササイズです。これは，2007年にアメリカで公開された『フリーダム・ライターズ』という映画のワンシーンにヒントを得ました。この映画は，実話をもとにした作品で，舞台は1994年のロサンゼルス，ロングビーチにあるウィルソン高校です。その高校は，さまざまな人種が集まり，激しく対立し合う犯罪の多い地域にありました。そこで加熱する人種争いの中，未来に夢をもてず荒れた生活を送る生徒たち……。その高校に実在した教師エリン・グルーウェルと生徒との交流をモデルに発表した'The Freedom Writers Diary'という本を映画化したものです。

　この作品の中でもひときわ印象深く残っているシーンがあります。それ

は，教室の床に赤いラインを描き，「仲間を権力抗争で殺されたことのある人」という教師の質問に，「yes」と答えた生徒が歩み出て，その床の赤い線を踏むというシーンです。先生の質問は，さらに続きます。「2人殺された人……」「3人殺された人……」「4人殺された人……」。

そこには，黒人も白人もなく，同じ体験をした人だけにわかる共通の感情がありました。ひとことのセリフもありませんが，どんな説明よりも，人種を越えて悲しみを共有し得た瞬間として説得力のあるシーンでした。

こうして，線を踏むことによって，共通の体験をした人たちの心がつながっていく「ホットライン」と呼ばれる活動が生まれました。

今回のエクササイズ「ホットライン」のルールはただ1つ。「人と相談しないで自分の意思で動く」──これだけです。

「好きな人ができた」「親に秘密をもった」「親友と呼べる友達がいる」「中学校の3年間で自分が成長したと思うところを言える」など，テーマが告げられたら，自分としっかり向き合い，自分はどうなのかを考えて赤い線（ホットライン）を踏むかどうかを決めます。そして，共通の体験をしたものだからこそわかる感情の交流を味わいます。

同じ学び舎で共に過ごした3年間，どんな経験をし，何を感じ，どんな価値観を形成してきたのか……。テーマには，価値観・生き方・あり方・友達・将来の夢などを設定します。また，線を踏んだ子どもたちだけでなく，踏まなかった子どもたちに対しても教師はフィードバックを忘れないようします。共通の体験やことがらでつながる体験と同時に，違う経験をした人たちのことを認めることのできる時間にするためです。

シート活用後の成果・留意点　悔いのない中学時代を送る方法をシートで考案

義務教育最後の年，15の春をどんな気持ちで迎えるかは，その後の人生に大きな影響を与えると言っても過言ではないでしょう。最後の1年間を悔いのないように過ごしてほしい，希望の進路に進んでほしい。そのために何ができるかをシミュレーションシートでアプローチを考えることができました。

12月15日　3年　1組（男子：18名／女子：15名）

めざす学級像

　自分たちの進路は，自分たちで実現することのできるクラス。

具体的な行動レベル

　人の意見に左右されるのではなく，自分自身で意思決定をすることができる。

現在地（●課題と○リソース）

●進路選択を前に，不安になっている生徒がいる。
●質の高い家庭学習の習慣が身についていない。
●遅刻や服装の乱れなど，受験を前に基本的な生活習慣が身についていない生徒がいる。

○男女の机が離れることなく，自然に話ができる。
○班活動に活発に取り組むことができる。
○専門委員や教科委員などは，すべて立候補で決まる。

授業担当者：小林美幸（仮名）

アプローチ

自分の気持ちとしっかり向き合い，自分の意思を行動で示すことのできる活動。

①「答えは自分の中にある」という話をする（説得）。

②ホットライン
・教室の中央に赤いラインテープ（ホットライン）を貼る。
・生徒はホットラインをはさんで，2mくらい離れて両側に並ぶ。
・「○○について○○と思う」というお題を提示し，「そうだ」と思う人は，前に歩いてホットラインを踏む。
・中学校3年間の生活を振り返り，お題を用意し，事実から内面に迫るものまで順番に提示する。

③シェアリング
・その場で気づいたことについて，お互いに話をする。
・全体に伝えたいことについて，シェアする。

第4章

蓄積データ 実践編
───共通軸をつくる！

蓄積データの集め方・分析の仕方

自分の指導行動を振り返る蓄積データは共有財産に！

　「学級の気になる子どもの対応に苦慮している」「学級全体の課題が改善されない」……こうした悩みをもつ先生は多いと思います。その困難さや原因がわからないために、どのような支援をしたらいいのかわからず悪循環に陥ってしまう場合や、不十分な理解による不十分な指導のために、子どもの行動が変わらないか、悪化してしまうこともあります。

　こんなとき支援に役立つのが、「何をしたら、どのような結果になったか」について、子どもの様子をよく観察し、記録をとることです。

　特に大切なのは、うまくいったときの情報です。

　子どもの行動が変化したときの場面や声がけを、複数の場面で観察し、できるだけ多く記録します。それらをためていくことで、効果がある支援・指導と、効果がない支援・指導の可能性を整理することができます。

　「何度言っても子どもの行動が変わらない」となると、無力感にさいなまれてしまいます。しかし、効果のなかった指導方法をやめて、「これはよかった」という指導行動を見つけ、それを繰り返し行っていくことで、子どもの行動に変化が現れれば、教師自身もポジティブ思考になれるでしょう。

　このように、ふだん教師が無意識に行っている対応について、結果やそのときの状況について振り返り、自分の指導方法を改善するためのシステムが「蓄積データ」です。手順は、①データ収集→②データ分析→③活用の３ステップと、いたってシンプルです。

　蓄積データによって、うまくいった指導・支援方法のデータが蓄積されていきますので、これを学校全体で取り組めば、校内の共有財産になります。

新年度の学級担任がかわる段階でこのデータを引き継ぐことができれば,子どもの支援をスムーズに行うことができるでしょう。

蓄積データの集め方

①授業や生活指導,教育相談などの場面で,課題だと思われることに対して行った対応(5W1H)について,具体的に記録する。
②その結果,子どもの行動がどのように変化したかを観察し,以下のように分類する。
・うまくいった場合(+)
・変化がなかった場合(±)
・うまくいかなかった場合(-)
③②で得られた結果を一覧表にする。

蓄積データの分析の仕方

蓄積データの一覧表を結果(+・±・-)で並び替え,それぞれの結果ごとに,どのような共通項があるのかを分析します。

子どもによい変化が起こった場合(うまくいった場合)は,なぜうまくいったのか,その要因を探ります。いっぽう,変化がなかった場合(±)とうまくいかなかった場合(-)は,避けるべき状況を探ります。

うまくいった場合(+) ↓ <u>指導・支援の方法を探る</u> ↓	変化がなかった場合(±) うまくいかなかった場合(-) ↓ <u>避けるべき状況を探る</u> ↓
うまくいったことは,そのまま繰り返し行う。なぜうまくいったのか,その要因を考え,新たな指導・支援へとつなげる。	変化がない,うまくいかない方法を繰り返しても変化は起こらない。効果のないやり方,避けるべき状況を把握し,やり方を変えるか,新しい方法を考える必要がある。

【蓄積データ（領域別ソート後）の例】

No	領域	課題	やったこと	結果
1	学力	小テストの結果を上げる。	再テストを何度でもできるようにする。	＋
2	学力	中間テストへの取り組み。	モデルとなるノートを生徒に見せて意識させる。	＋
3	学力	計算力の向上を図る。	低学力の生徒対象の計算加力教室を週1で行う。	＋
4	学級	学級活動を充実させる。	「席がえシード制」を導入する。	＋
5	学級	安心できる学級をつくりたい。	プリントを渡すときもらうときに「どうぞ」「ありがとう」という声がけを行う。	＋
6	学級	教師を頼りにし，自分で行動できない。	「自分で選択，決定，行動する」を目標とする。	＋
7	学級	進路学習への意識を高める。	職業に関する本を教室の後ろに置く。	＋
8	行事	合唱コンクールへの取り組み。	「折り鶴メッセージ」を行う。	＋
9	個別	不登校の生徒に体育祭に参加してほしい。	体育祭での不登校の生徒へのメッセージ作り。	＋
10	授業	指示が1回で通らないことが多い。	特に大切だと思うことは黒板に書く。	＋
11	授業	授業の充実を図る。	雰囲気がいいときの授業の様子をほめる。	＋
12	授業	授業のスタートをスムーズにする。	毎時間始めに計算プリントか小テストを行う。	＋
13	授業	全体的にザワザワしているときに静かにさせる。	10秒前，5秒前に「5，4，3，2……」とカウントする。	＋
14	授業	1分前着席を守らせる。	2分前に声がけをすることを続ける。	±
15	授業	授業の充実を図る。	1分前着席の呼びかけを生徒に任せる。	±
16	授業	書くことが苦手な生徒にノートを書かせる。	1時間分の板書内容を授業の最初に渡す。	±
17	授業	私語を減らす。	座席表を黒板に提示し，静かにできている生徒にマグネットを貼る。	±
18	授業	授業内容の理解が十分でない生徒への対応。	個別に「これできる？」と別プリントを準備する。	±
19	授業	席立ち・私語を減らす。	今日一日の授業で何をがんばるか，朝，約束する。	±
20	授業	授業への参加意識を高める。	「授業評価Aをとって☆を集めよう」と☆を教室に掲示する。	±
21	生活	聞く態度を養う＋静かにさせる。	絵本の読み聞かせをする。	＋
22	生活	言葉遣いがよくない。	『「～です。～ます」で言ってみよう』と声がけする。	±
23	提出	Mybookが出ない。	黒板に「今日のMybook率」を記入する。	＋
24	環境	教室が汚い・ゴミが多い。	終学活後に1人5つ以上ゴミを拾う。	＋
25	環境	全員で掃除に取り組む。	ぞうきんに大きく名前を書き，自分のぞうきんを使う。	＋
26	環境	掃除のない日の美化活動。	班でジャンケンまたはボランティアで残って拭き掃除をする。	＋

第4章 蓄積データ 実践編

【蓄積データの分析例（課題：授業中さわがしい）】

やったこと	結果
特に大切だと思う内容や指示を板書した。	＋
机間指導のときに個人的に「静かにしてね」と声をかけた。	±
その都度注意して，みんなが待たされていることを伝えた。	±
「静かにしなさい！」と何度もしつこく注意した。	－

○うまくいった場合（＋について）
　子どもを直そうとするのではなく，何に困っていて望ましい行動ができないか，その思いに寄り添い，気持ちを理解しようとした。
●変化がなかった場合（±について）
　ユーメッセージをしたとき。
●うまくいかなかった場合（－について）
　何とかして子どもの行動を変えようと，威圧的・指示的・感情的な教師からの一方通行の対応をしたとき。

記録をとることが行動修正に！

　右表は，ある中学校での蓄積データの結果を表したものです。この学校では，教師の対応によって，子どもの行動がどう変化したか，記録に残すだけ

1回目と2回目の比較

	データ数	＋	±	－
1回目	67	15 (22.4%)	48 (71.7%)	4 (5.9%)
2回目	103	57 (52.4%)	37 (36.9%)	9 (10.7%)

で，望ましい行動へと変化したケースは約2.5倍に増え，変化が認められなかったケースは約半分に減っています。

　この学校では，記録をとる以外，特別なことは行わず，ただ，教師自身が行っている「うまくいっていないこと」に自分で気づき，その行動をやめただけなのです。やっても無駄な行動をやめることで疲労感が減り，負のスパイラルから脱出することができました。

ここでは，蓄積データの活用例を3つあげます。
　個人・集団での活用例として「自分の行動指導へのフィードバック」，学校での活用例として「学校スタンダードの作成」，個別指導での活用例として「個別支援が必要な子どもの課題達成のためのスモールステップ」です。
　以下を参考に，ご自身で，学校で，蓄積データを活用してください。

活用例①
自分の指導行動へのフィードバック

記録することでメタ認知アップ！ まずは1人でも始めよう

　勤務先の学校で蓄積データの取り組みがされていない場合，1人でも始めることができます。「蓄積されたデータがない状態から1人で始めるのは大変そう」と思われるかもしれませんが，1人で行っても，自分の指導行動へのフィードバックを得られるのが，蓄積データのメリットです。
　子どもへの対応とそのとき起きた内容を思い出しながら記録することで，おのずとメタ認知力が促進されます。つまり，うまくいっていること，いっていないことに自分で気づき，どうすればいいのかを考え，改善に向けて行動する力がついてくるのです。これにより，学級指導に効力を発揮します。
　「記録に残すことで，子どもの望ましい行動が約2.5倍に増えた」という前ページのデータが立証しているように，蓄積データは，記録すること自体に大きな意味があるのです。

蓄積データの手順 ──1人で行う場合

　1人で蓄積データを行う場合の手順も同様に，①データ収集→②データ分析→③活用の3ステップです。課題に対して自分で行った行動を自分で記録

にとり，その結果，子どもがどのように変化したかを分析し，うまくいった場合，変化がなかった場合，うまくいかなかった場合に分類し，得られた結果を表にします。

自分の指導行動を振り返り，「これはうまくいった」という指導行動が見つかれば，そのまま続けます。うまくいっていない場合が多くても，1つうまくいっていることが見つかれば，まずはOKとしましょう。「何をやっても無駄」と思っていた方も，学習性無力感から脱却する糸口になります。

いっぽうで，「うまくいっていない」指導行動には固執せず，繰り返さないことが大切です。ほかのこと，新しいことを試してみましょう。新しい行動をとることに臆病にならず，「数打ちゃ当たる」の心意気で試みることも，ときには必要です。記録をとり続けるうちに，メタ認知が促進されれば，おのずと次の一手が浮かんでくるかもしれません。

とはいうものの，当初は，新しい行動を試したくても，レパートリーがなければ，何をしていいのかわからず，とまどうこともあるでしょう。

指導行動のレパートリーの増やし方 ── 個人で行う場合

1人で蓄積データを行う場合のレパートリーの増やし方としては，本やインターネットで調べたり，研修会に参加したりしてアンテナを広く張り，新しい行動のヒントを探すようにしましょう。

しかし，本やネットの情報では，何をどうやったらうまくいくのか，具体的な内容まではわからない場合や，理論が多いため，頭では理解できても，実際の場面でどのように活用したらいいのか，わかりにくい場合もあると思います。

そんなときは，同僚や学年の教師に声をかけ，身近な仲間で蓄積データを始めて，互いのデータの分析や収集したデータのシェアを行ってみてはいかがでしょうか。三人寄れば文殊の知恵。同僚の行動記録に，自分が求めていた新しい行動のレパートリーが見つかるかもしれません。

蓄積データの手順──集団(学年・学校)で行う場合

　蓄積データは，1人もしくは仲間内で個人的に行ってもよいのですが，集団(学年・学校全体)で行えば，対応のヒントがより多く得られます。

　手順としては，1人で行う場合と同様，課題に対して自分で行った行動を自分で記録にとり，子どもがどのように変化したか分析します。

　うまくいった場合，うまくいかなかった場合，変化のなかった場合，それぞれの結果ごとの共通項の分析は，互いに分析し合うことにより，客観的な視点で指導行動へのフィードバックを得ることができます。

指導行動のレパートリーの増やし方──教師集団で行う場合

　課題に対して行ってみて，うまくいかなかった場合，変化のなかった場合は，別のこと，新しいことを行います。

　次に何をすればいいか，新しい行動を探すわけですが，すでに学校の取り組みとして蓄積データを行っている場合，指導行動のレパートリーを増やすのに最適なテキストが，蓄積データの一覧表です。

　この一覧表の中に，すぐにでも使える新たなレパートリーがたくさん詰まっているので，これを使わない手はありません。

　注目したいのが，蓄積データの一覧表の結果が「+」の「うまくいっている教師の指導方法」です。これをモデルに，教師の指導方法のレパートリーを増やすシステムを作れば，解決志向アプローチを教師集団で行うことができます。

　ちなみに，前述の学校では，1年間で3回の蓄積データ(36名で実施，1回の期間は2週間程度)をとり，全部で235通りの指導方法が記録されていました。

　こうした蓄積データを，そのまま活用する方法を紹介しましょう。

> **蓄積データで宝探し**
> ①集まった蓄積データを冊子にして全員に配付する。
> ②冊子を読んで,「この方法を試してみたい」「これなら自分にもできそうだ」と思うものに付箋をつける。
> ③実際に行ってみる。
> ④具体的にどのように行ったか,行ってみて子どもの変化はどうだったのか,「もっとこうすればよかった」などについて付箋にメモをする。
> ⑤うまくいった方法は,自分のレパートリーとして加える。

　このようにして,レパートリーを増やしていきましょう。「これをやってみたい」「これならできそうだ」と思えるものから始めるのがポイントです。
　この蓄積データの冊子が「私だけのリソースノート」になります。

「うまくいっている先生」から伝授――紙上交流シートの活用

　「蓄積データで宝探し」で新たな方法を試みたけれど,「どうもうまくいかない」場合や,「行ってみたいけど,いまひとつやり方がわからない」というときには,「うまくいっている先生」から,そのコツを教えてもらうとよいでしょう。
　ここでご紹介する「紙上交流シート」を活用する方法では,特設の時間を設定しなくてもお互いのコツを交流することができます。
　質問を受けた教師も回答を考えることで,改めて自分の実践を振り返ることができます。さらに,両者間だけで終わらせず,回答をみんなに配布することで,全体でシェアすることができます。

紙上交流シートの手順
①蓄積データの一覧表の中で,「やってみたいと思うので,さらに詳しく知りたい」内容について,「紙上交流シート」の質問欄に記入して,実践者に渡す。
②質問された教師は,質問内容について,紙上交流シートの下段の枠の中に具体的に回答を記入する。
③回答が記入されたシートを印刷して冊子にまとめ,全員に配る。

以下に,紙上交流シートの実践例を紹介します。

【紙上交流シート実践例1「合唱コンクールでの折り鶴メッセージ」①】

NO.8　合唱コンクールでの折り鶴メッセージ

質問　どんなことを書きましたか？生徒の反応は？

　僕も折り鶴メッセージをもらいました。「絶対に最優秀賞」「どんな結果でも3の5が優勝」ということを共有したので,メッセージを書いている時間が,すごくよかったです。内容は生徒に任せ(信じて)ました。読んだ後も笑顔が多かったです。

【紙上交流シート実践例1「合唱コンクールでの折り鶴メッセージ」②】

NO.8　合唱コンクールでの折り鶴メッセージ

質問　折り鶴の取り組みを詳しく教えてください

　小さい折り紙に自分の名前を書いて，合唱コンクールへの意気込みやがんばりたいこと，目標などを書いて，その面が隠れるように折り鶴を作ります。
　それを回収し，合唱コンクールの朝，ランダムに1人ずつ取ってもらい，鶴の状態でポケットなどに入れて持っておきます（この時点では，だれがだれの鶴を持っているのかは，わかりません）。
　　　　　　　　　↓
　仲間を信じて歌います。
　　　　　　　　　↓
　本番終了後，最後の学活で鶴を開け，メッセージを読み，感謝の気持ちを込めて，メッセージを書いた人に返します。
※時間があれば，ひとこと返信を書いてもいいかもしれません。

活用例②
学校スタンダードの作成

うまくいったものの中から，学校スタンダードを設定する

　学校全体で蓄積データを行っている場合，オリジナルの学校スタンダードを作成することができます。

　これは，蓄積データのプラスの結果になった具体的な指導方法（行動レベルになっているもの）の中から，「みんなでやってみたい」と思うものを選び，「○○学校のスタンダード」として設定し，全校で取り組むというものです。

　ここでいうスタンダードとは，学校全体で取り組みたいものを全教職員で選び，決めるもので，学校の標準となるもののことです。「どの先生もどの生徒もどの学級でも最低限これだけはやる」という約束ごとのようなものです。

　全校での取り組みなので，教師は経験にかかわらず指導しやすく，子どもたちはどの教師からも同様の指導を受けるので，行動に移しやすいというメリットがあります。

　当初は「○○学校のスタンダード」と言っていますが，やがてそれが，この学校ではあたりまえになっていきます。この「あたりまえ」を少しずつ増やすことで，徐々に落ち着いた環境が整っていきます。

スタンダードの作り方

①蓄積データを課題別（授業，個別，生活，提出物，行事，環境など）に分類する。

②①の中で「＋」の変化が起こった対応の中から，学校全体で取り組みたいと思うものを個人で選ぶ。

③選ばれたものを一覧表にする（何人が選んだかも書いておく）。

④研究推進委員会などで話し合い，スタンダードとするものを決める。

ポイントは，①簡単で，準備などの必要がなく，労なくしてだれもができるもの，②やっていることが互いにわかりやすいもの，③変化がわかりやすいもの――この3つを意識して選ぶことです。

> **【実践例：蓄積データから誕生した学校のスタンダード】**
>
> ○○中のスタンダード
> ①授業の号令を揃える。
> ②（掃除のない日は）終学活で1人5つ以上ゴミを拾う。
> ③雑巾に大きく名前を書き，My雑巾として使う。

　例えば，上記実践例の「雑巾に大きく名前を書き，My雑巾として使う」であれば，どこの教室に行っても雑巾を干す場所には，油性マジックで大きく名前が書かれた雑巾がかかっているので，行っていることが一目瞭然です。また，この取り組みにより，雑巾を触りたくなさそうに指先でつまんで持っていた生徒たちが，いまではしっかりと持って掃除をしています。このように，行っていることが，教師だけではなく子どもにも伝わるものをスタンダードとして選ぶことがポイントです。

スタンダードを定着させるためのコツ

　スタンダートが決まったら，次はそれをどう定着させるかです。せっかくみんなで決めても，それが絵に描いた餅のように飾られているだけでは取り組んでいることにはなりません。
　①必ず全学級，全教職員で行う。②やり方に差が出ないようにする。③楽しみながら行う――この3つを意識して，スタンダードをあなたの学校の「あたりまえ」に進化させてください。全員が同じ行動様式をとることで，職場の凝集性はおのずと高まってき，組織力アップにもつながります。さらに，うまくいっている教師のやり方をまねることで，教師の指導力の向上にもつながります。

活用例③　個別支援が必要な子どもの課題達成のためのスモールステップ

「認める指導」で，望ましい行動の強化＆信頼関係の構築を

　蓄積データをとり，教師が手をかえ品をかえアプローチを繰り返しても，子どもの課題達成に結びつかない場合があります。こうした，学習面や行動面での困難さが見られる個別支援が必要な子どもに対しては，子どもに合わせて，何段階かに分けて当初の課題をクリアするといいでしょう。つまり，スモールステップを設定し，改めて蓄積データをとるのです。

> **スモールステップの手順**
> ①対象の子どもの行動から，ターゲットを１つ選ぶ。
> ②ゴール（目標）を設定する。
> ③段階的スモールステップを設定する。
> ④解決のヒントを考える。
> ⑤スモールステップを進め，行動等を記録する。

　この方法では，教師は，その子どもの１つの行動目標を達成するために，できていることに着目して，具体的な認める指導（声がけ）を行うことができます。それによって，子どもには，「何がどのようにできればいいのか」がよりわかりやすく伝わるようになります。

　その結果，子どもの望ましい行動が増え，教師は変化を楽しみながら記録をとることができます。子どものほうは「できた」という達成感を味わって，次のステップに挑戦する意欲をもてるようになります。「認める言葉がけ」をしてもらうことによって，教師への信頼が生まれ，教師と子どもとの信頼関係が構築されるのです。

課題解決をめざしたスモールステップの手順とポイント

手順	ポイント
①対象になる子どもの気になる行動の中から、ターゲットとなる行動を1つだけ選ぶ。	ターゲットは、比較的変化が起こりやすく、変化したこと（できるようになったこと）が確認しやすい課題を選ぶ。
②その行動がどうなっていればいいのかゴール（目標行動）を考える。	例えば、「立ち歩きが多い」場合、「立ち歩きをしない」という最終的な行動目標を設定する。
③目標行動が達成できるまでの行動について、段階的スモールステップ1・2を考えて設定する（内容は、教師が考える、あるいは子どもと一緒に相談しながら決める）。	段階1：ほんの少し努力すれば達成できるような内容。 段階2：さらにもう少し努力すれば達成できるような内容。
④課題解決の手がかりとなるヒントを考える。	子どもの課題、リソースなど解決のヒントになることを箇条書きにする。
⑤スモールステップ段階1・2と進める。その間の教師の行動や言葉がけ、子どもの反応と結果について記録をとる。	子どもが望ましい行動ができたときに、「認める言葉がけ」を行うことで、望ましい行動の強化、信頼関係の構築につながる。
	やってみたこと、反応、結果を用紙に記入。効果があったことは続け、なかったことはやめて、新たな手だてを考える。

【実践例：個人対応のスモールステップ記録用紙】

No. 2　　　クラス　1の2　　　　　名前　菅原翔太（仮名）

◎ゴールまでのスモールステップ

課　題	忘れ物が多い。
段階1	忘れ物をしたときに，自分から言うことができる。
段階2	筆記用具を持ってくることができる。
ゴール	忘れ物がない。

◎解決のヒント

1　援助要請がしにくいことが，この子の課題。
2　「助けて」と言えること。
3　プライドを傷つけないで援助要請の練習。

◎記録用紙

ヒントNO	やったこと	反応	結果
	声をかける。	作業をやろうとする。	＋
	「先生」と呼ばれたら，すぐそばに行って聞く。	がんばろうとする。	＋
	「忘れているな」と思っても声をかけずに，「ない人は言って」と本人のほうを向いて声をかける。	忘れたことに気づき，言ってくる。	＋
	何をするにも最初に「筆記用具はある？と声をかけ，「筆記用具だけは」という意識をもたせる。	持ってくるようになった。	＋
	体操服など重要なものの忘れ物については，家庭連絡して協力してもらう。	持ってくる（が，本人の力ではない？）。	＋
	ノートがないので，ノート代わりに書く用紙を渡した。	少し書くだけ。忘れ物も変わりなし。	±

適切なスモールステップの設定が成功のカギ

　例えば、「忘れ物をしないで、と何度言っても忘れ物をする」という子どもへの対応では、「忘れ物をしないで、と何度も言う」といった変化のなかった指導行動を、教師がやめることが先決です。

　当初の課題設定は、その子にとってハードルが高かったと考えることが大切です。そして、第1段階では、ほんの少し努力すれば達成できる内容、第2段階では第1段階よりも努力が必要な内容を設定します。何段階かに分けて当初の課題までたどり着けるようにします。

　「適切なスモールステップ」とは、このように、「これくらいならできそう」という程度のものを設定するという意味です。

　左の実践例でいうと、「忘れ物が多い」という行動に対して、いきなり「忘れ物をしない」という目標を設定するのではなく、まずは「忘れ物をしたときに、自分から言うことができる」という援助要請をすることを目標にする、といったことです。

　実践例の子どもの場合、「解決のヒント」の欄にあるように、「援助要請がしにくい」という課題をもっているので、教師はこのステップをクリアするために、忘れ物をしている思ったときに、こちらからは声をかけずに、「忘れている人は言ってね」と本人から援助要請ができるような声がけをします。

　結果、子どもは忘れ物をしたことに気づいたときには、自分から「貸してほしい」と言うことができるようになります。

　また、返信などの提出物や宿題の提出ができない子どもに対しては、「1週間のうち何回なら出せそう？」「何曜日なら出せる？」などと本人に聞いてスモールステップを設定します。

　このように、子どもと相談しながら、子ども自身が「これくらいだったらできそう」と感じられる行動をスモールステップとして設定することで、自分で考えて選択し、自分で実行するといった自律性も育っていきます。

【個人対応のスモールステップ記録用紙（フォーマット）】

No.　　　　クラス　　　　　　　　名前

◎ゴールまでのスモールステップ

課　題	
段階1	
段階2	
ゴール	

◎解決のヒント

◎記録用紙

ヒントNO	やったこと	反応	結果

第5章

2つのヒントの合わせ技 実践編

——シミュレーションシート&蓄積データで
R-PDCAを！

「2つのヒント」の両輪で指導のR-PDCAサイクルづくり！

　すでにみてきたように，シミュレーションシートは，教師が学級指導の方向性を決め，戦略を立てる際に活用できます。いっぽう蓄積データは，その方向性にそった指導行動が機能しているかを確認し，うまくいったものは継続して行い，うまくいかなかったもの，変化のなかったものに対しては，どのように指導行動を変えていくかを考える際に活用できます。

　この「2つのヒント」の両輪を稼働させることで，指導のR-PDCAサイクルができ，教師が自分自身の指導行動に自己評価をすることができるのです。

　本章では，蓄積データとシミュレーションシートを連動させ，学校全体で活用している実践例を2つ紹介します。

　2例とも，シミュレーションシート作成・実践後には，定期的に学校・学年で研修会等を行い，互いに分析・評価し合っています。

　実践後，新たな課題が浮上してきた場合には，それに対する「めざす学級像」と「具体的な行動レベル」，「アプローチの方法」を新たに考えて，再度シミュレーションシートに記入し，実践しています。

　蓄積データでは，シミュレーションシート作成時に設定した個々の課題に対する自分の指導行動を記入し，うまくいったか否か評価し，その要因は何かを分析しています。

　このように，両者を連動させて活用することで，おのずと指導のR-PDCAサイクルが出来上がります。

　さらに，シミュレーションシートは学級引き継ぎ時の資料となり，蓄積データは指導行動のレパートリーとして学校共有の財産になるのです。

第5章　2つのヒントの合わせ技　実践編

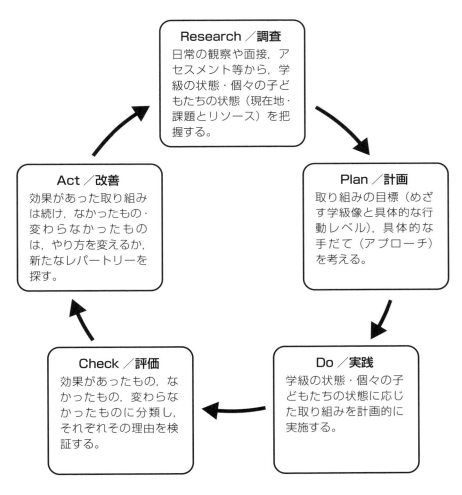

2つのヒントでつくる指導の R-PDCA サイクル

仲間づくりとルールの定着を図った実践
── 「2つのヒント」は，引き継ぎ時の資料等，学校全体で活用

シミュレーションシートと蓄積データを活用し，校内研修会で学び合い

　本校では，学級を担任する教師が各々シミュレーションシートを作成しています。実践後，学期ごとに校内研修会を開き，シートで計画したアプローチがどの程度できているか，めざす学級像にどの程度近づいているか，互いに確認し合い，アプローチの見直しや方向修正等を行っています。

　いっぽうで，シミュレーションシート作成時にあがった個々の課題について，蓄積データを用いて，教師が自分の指導行動を振り返ります。

　この蓄積されたデータは，学校全体で共有しています。一覧表にすることで，何がうまくって何がうまくいかなかったかが一目でわかり，学級指導の共通軸をつくるのに役立っています。

　また，本校には若い先生も多く，職場内での学び合いが課題となっていました。校内研修会などで，各学級のシミュレーションシートを検討し合うことで，若い先生から経験豊富な先生までが，学級経営に対する考え方や手だてを共有し，ほかの先生から学ぶことができます。

　最初にこのシートを作成したときには，どの先生も，学級の現在地について，学級の強みよりも，課題の記述が多くなりました。

　学級の強み（リソース）もシートに書けるように心がけることによって，日ごろから子どもたちのいいところも見るようになりました。

　また，本校では，子どもの進級時にもシミュレーションシートを活用しており，Q-Uアンケートの結果，日々の行動観察の記録などと一緒に，新しい担任に引き継ぐ資料としています。シートによって，うまくいった取り組み，うまくいかなかった取り組みについて引き継ぐことができます。

新たな担任が学級づくりに取り組む中で，もうすでに子どもたちができていることに時間をかけたり，大事にしなければならないことを，見落としたりすることのないようにしています。

シミュレーションシート作成（1回目）　人間関係の固定化の解消を図る

次ページのシミュレーションシートは，私が学級担任をしている小学1年生の事例です。

シミュレーションシート作成時，本学級の1学期時の課題としてあげたのが以下の3つです。

1つは，集団になると落ち着かない子どもがいること。2つめが，同じ幼稚園・保育園出身の子どもたちで固まる傾向があること。アセスメントとして行っているQ-Uアンケートにも，「1人ぼっちでいることがある」と答えている子どももいました。そして3つめが，「人の話が聞けない」です。人の話を最後まで聞けずにおしゃべりをしたり，発表している子どもの話の途中で，割って入ったりするなどの行動がみられました。

この中から今回は，「人の話が聞けない」をターゲットに選びました。

リソース（よいところ）としては，「友達がすねたとき，待っている」といった我慢強さ・やさしさや，「まじめで，協力して活動ができる」といった勤勉さ・協調性が見受けられました。こうした課題とリソースを鑑みて，特定の子どもだけでなく，みんなの話をしっかり聞けるようになれば，人間関係が向上して「みんなが仲のよい学級」という「めざす学級像」が達成できるように思いました。

学級目標は，教師にも子どもたちにも成果が目で見てわかるように，「発表している人のほうを向いて聞く」という具体的な行動レベルで記述しました。

仲間づくりの活動を積極的に取り入れ，月ごとのイベントとしてアプローチの柱にすえ，普段の授業でも，ペアやグループで取り組む時間を大切にする中で，うなずきなどの反応するスキルを学ばせるなど，「話の聞き方」の学びを随所に取り入れることにしました。

【シミュレーションシートの実践　小学1年生　1回目】

授業担当者：佐藤亮一（仮名）

めざす学級像
- □ しんどいことにも粘り強くがんばれる学級。
- ☑ みんなが仲のよい学級。
- □ 明るくて元気な学級。

具体的な行動レベル
- □ 目標をもって取り組む。
- □ 嫌なことがあってもあきらめない。
- ☑ 発表している人のほうを向いて聞く。
- □ 発表したときに拍手が起こる。

現在地（●課題と○リソース）
- ● 集団になると落ち着かない子がいる。
- ● 同じ出身の幼稚園保育園で固まる。
- ● 人の話が聞けない。

- ○ 友達がすねたとき、待っている。
- ○ まじめで、協力して活動ができる。

アプローチ
仲間づくり（SGE, PA, 自己紹介ゲームなど）
4～5月　自己紹介ゲーム
6月　友達のことをもっと知ろう。
「おしゃべりしましょう」
「あいうえおであそぼう」
7月　助け合いや感謝の気持ちをもとう。

□ 話の聞き方
- ・話の聞き方がよい人（目で見て聞く子）、できていることをほめる、認める。
- ・「つけたします」「ほかにもあります」など、発表するときに言っている人を評価する。
- ・うなずきなど反応するスキルを身につけさせる（形から入る）。
- ・話が聞けるようになるまで待つ。
- ・話をしっかり聞いていると、いいことがあるような活動を行う。

第5章　2つのヒントの合わせ技　実践編

蓄積データを活用した1学期の振り返り　新たな課題が表面化

　このようなアプローチで取り組んだ結果，子どもたちに，いろいろな友達とのかかわりや話し合いの機会が増えました。

　反面，友達とかかわる中でのトラブルも増え，Q-Uアンケートの「クラスの人に嫌なことを言われることがある」との質問に対して，「よくある」と答えた子どもが増加するという，新たな課題が表面化してきました。

　蓄積データでは，課題に，仲間づくり，ルールづくり，気になる子どもへの配慮をおき，自分の指導行動が機能しているか確認しました。

蓄積データ（1学期）

課　題	やったこと	結果
仲間づくり	月ごとに仲間づくりを目的としたイベントを行う。	＋
仲間づくり	帰りの会や授業の中など，あらゆる機会に仲間づくりの活動を仕組む。	＋
ルールづくり（授業のスキル）	「『はい，はい』と何度も言わなくてもいいです」と声をかける。	－
ルールづくり（話の聞き方）	話の聞き方のいい人をほめる。	±
気になる子どもへの配慮	机間指導で声をかける。	－

○うまくいった要因（仲間づくり）

　仲間づくりでは，「何のために行うのか」というねらいを明確にしてから活動を行いました。さらに，振り返りカードなどを使ってシェアリングを行うことによって，楽しいだけで終わるのではなく，仲間づくりの活動がめざす学級像に近づけるための手だて（アプローチ）になるように心がけました。

●うまくいかなかった要因と改善策（ルールづくり：授業のスキル）

　「『はい，はい』と何度も言わなくてもいいです。静かに手をあげてください」と授業を止めて確認しましたが，その後も繰り返すことがありました。

「はい，はい」と大きな声で言った子どもを私が当てたことがあったので，大きな声で言うことがいいことだと強化されてしまったようです。

　改善策として，正しい行動がわかっていない子どもたちがいることから，モデルを示して練習しました。「『はい，はい』と何度も言わなくてもいいです。静かに手をあげてください。……では，みんなで練習をしてみましょう。一回手を下ろしてください。次から手をあげるときには，手を耳の横につけて静かにあげます（教師が正しいモデルを示す）。では練習してみましょう。……はいどうぞ」と，正しい行動を練習する時間をとるようにします。

　できたときには，「みんなよくできましたね。いいですね」と，しっかり認めて，正しい行動を強化するようにしています。

●うまくいかなかった要因と改善策（気になる子どもへの配慮）

　自分の授業をビデオで撮って観ると，気になる子どもが手をあげたときや，机間指導でその子どもの近くを通ったときなどに，よく当てたり，声をかけたりしていました。反面，当てる回数や声がけが少ない子どもがいました。声をかけられていない子どもたちが不満をもち，無気力になるのではないかと反省しました。

　改善策として，机間指導するルートをいくつかつくり，気になる子どもだけでなく，すべての子どもに声をかけるように気をつけたいと思います。ときどき自分の授業をビデオに撮って確認するようにします。

シミュレーションシート作成（2回目）　新たに浮上した課題への取り組み

　1学期の振り返りを踏まえ，2回目のシミュレーションシートの作成では，変化した学級の現在地に合わせて，めざす学級像とアプローチを見直しました。「仲間づくりが進んだ分，トラブルが増えた」という新たな課題に対して，めざす学級像を「明るくて元気な学級」とし，具体的な行動レベルを「発表したときに拍手が起こる」としました。

第5章　2つのヒントの合わせ技　実践編

【シミュレーションシートの実践　小学1年生　2回目】

授業担当者：佐藤亮一（仮名）

めざす学級像
☐ しんどいことにも粘り強くがんばれる学級。
☐ みんなが仲のよい学級。
☑ 明るくて元気な学級。

具体的な行動レベル
☐ 目標をもって取り組む。
☐ 嫌なことがあってもあきらめない。
☐ 発表している人のほうを向いて聞く。
☑ 発表したときに拍手が起こる。

現在地（●課題と〇リソース）
● 集団になると落ち着かない子がいる。
● 人の話が聞けない。
● 同じ出身保育園で固まる。
〇 友達がすねたとき，待っている。
〇 まじめで，協力して活動ができる。

2学期の現在地
〇 聞き方ゲーム（SST）などで，おへそを向けて話が聞けるようになった。
● 仲間づくりが進んだ分，トラブルが増えた。

アプローチ
仲間づくり
（SGE, PA, 自己紹介ゲームなど）
4～5月　自己紹介ゲーム
6月　友達のことをもっと知ろう。
「おしゃべりしましょう」
「あいうえおであそぼう」
7月　助け合いや感謝の気持ちをもとう。

☐ 楽しみながらルールの定着を図る活動を取り入れる。
☐ 自然に拍手が出るよう仕組みを工夫する。
☐「そうそうゲーム」「あなたはどっち」「チクチク言葉とふわふわ言葉」などのエクササイズを行い，少しずつ自分や相手のことがわかるようにする。

99

アプローチは，楽しみながらルールの定着を図るため，さまざまなエクササイズを実施し，自然に拍手が起こるよう工夫しました。メインには，言われて嫌な言葉をなくす目的で「チクチク言葉とふわふわ言葉」をおきました。

また，活動はあくまでも子ども同士の感情の交流を深めるための手だてと考え，シェアリングを大切にするよう心がけました。

1年生なので，最初は子どもたちがワークシートに記入したものを私が子どもの名前を言わずに，全員の感想を読んで返すことから始めました。徐々に，シートに書いた意見や感想を自分で言うようにし，2学期の終わりには，シートに書かなくても意見が言えるようになってきました。

子どもの発言の後，「○○がうれしかったんだね」など，一人一人の発言に価値をつけてフィードバックしたり，1人の意見を子どもたちに返して考えさせたりすることで，深まりのあるシェアリングになったと思います。

蓄積データを活用した2学期の振り返り　ルールづくりが改善

Q-Uアンケートの「クラスの人に嫌なことを言われることがある」との質問に対して，「よくある」と答えた子どもが少なくなり，子ども同士でも，友達の話を最後まで聞き合うようになってきました。

蓄積データ（2学期）

課題	やったこと	結果
ソーシャルスキルを身につける	プリントを配布するときに，「どうぞ」「ありがとう」と言う。	±
ルールづくり（授業のスキル）	授業のねらいを具体的な行動レベルで説明する。	＋
気になる子どもへの配慮	机間指導などで全員に声をかける。	－
気になる子どもへの配慮	子どもたちの特徴を生かした活動を取り入れる。	＋

○うまくいった要因（ルールづくり：授業のスキル）

　授業のねらいを具体的な行動レベルにして示すことによって，授業のスタートとゴールがより明確になるように心がけました。

　例えば，授業のねらいが「みんなで協力して活動しよう」という場合，協力する意味を「力を合わせること」とわかる言葉で説明し，「困っている人がいたら？」「助ける」，「助けてもらったら？」「ありがとう」と具体的な行動のレベルで説明しました。

　ねらいを具体的な行動レベルで示すことで，子どもたちにも，授業のねらいや正しい行動とは何かがわかりやすくなったと思います。これは，楽しみながらかかわり方を学ぶソーシャルスキルトレーニングにもなっているようです。

取り組みの成果・併用の効果　両者の併用で，次なる一手が考えられる！

○本取り組みの振り返り

　このように，シミュレーションシート1回目では，人間関係に広がりが出たのはよかったのですが，反面，「仲間づくりが進んだ分，トラブルが増えた」という新たな課題が浮上しました。

　2回目のシートでは，その手だてを考え，楽しみながらルールの定着を図りました。

○シミュレーションシートと蓄積データ併用の効果

　シミュレーションシートで決めた方向性にそった指導行動がうまくいっているかを蓄積データで確認することにより，指導を見直すことができました。

　シミュレーションシートに学級の成長の様子を継続的に記載することで，学級経営案の進捗状況の確認ができます。

　これに，蓄積データを併用することで，うまくいっていること，いないことが一目瞭然にわかり，現在地の見直し，新たな課題に対するアプローチの検討など，次なる一手を考えやすくなりました。

事例 2　小学3年生

先生方に協力をあおぎ,実践の見直しを図る
——「2つのヒント」で学級経営案のR-PDCAサイクルづくり

シミュレーションシートと蓄積データを活用し,校内研修会で学び合い

　教師になって3年目,異動先の学校では,学級経営にシミュレーションシートと蓄積データが活用されていました。シートは,ほかの先生方から助言を受けながら作ることもできるので,学級経営についての学びにもなります。また,蓄積データの記録をつけることで,自分の指導行動のうまくいっていること,いっていないことが具体的に把握でき,次の対応を考えられます。

　校内研修会では,アプローチがどの程度できたか,学級や子どもたちの状態はどう変わったのかなどを確認し,他学年の報告を聞き,意見を交流する場が設けられるので,より広い視点で学級経営の振り返りができます。

シミュレーションシート作成（1回目）　人間関係の固定化の解消を図る

　私が担任する3年生の学級は,全体的に仲がよいのですが,課題としては,「忘れ物が多い」「元気がよすぎてルールが守れないことがある」「人間関係が固定化している」といった3点があげられました。また,友達に合わそうとして,少し無理をしていると感じられる子どもがいました。

　1回目のシミュレーションシートの作成では,その子が無理をしなくてもいいように,つらいときにつらいと言える「安心できる学級」をめざし,具体的な行動レベルには,「誘い合って活動する,遊ぶ」を掲げて取り組むことにしました。人間関係の固定化を解消するため,仲間づくり・授業づくりを,一歩踏み込んで行うことを目的として,構成的グループエンカウンターなどを取り入れたアプローチを考えました。

第5章 2つのヒントの合わせ技 実践編

【シミュレーションシートの実践 小学3年生 1回目】

授業担当者：吉田遙香（仮名）

めざす学級像

□お互いの弱さ（注意するだけでなく，わかってあげられる）を認め合える学級。
☑安心できる学級。
□本音が話せる学級。

具体的な行動レベル

□友達のいいところを見つけて伝える。伝えてもらったら「ありがとう」と言える。
☑誘い合って活動する，遊ぶ。
□人の意見や話をしっかり聞く。

現在地（●課題と○リソース）

●忘れ物が多い。
●元気がよすぎて，ルールが守れないことがある。
●人間関係が固定化している。

○仲がいい（教え合い学習でも嫌がらない）。
○休み時間などに1人でいることはない。

アプローチ

□仲間づくり・授業づくり
・構成的グループエンカウンター（SGE）などを，授業の導入や学級活動などで行う（私はだれでしょう→3ヒントで当てる，キャッチ，四つの窓など）。
　SGEなどの活動や授業では，2人組，3人組を仕組んでいく。

（例）
教師：「2人組をつくるときどうするんだった？」
児童1：「一緒にやろう」と声をかける。
児童2：「いいよ」と答える。
　さらに進めて，
教師：「いままでに一緒になったことのない人と2人組をつくろう」
※このとき，3つの合言葉「ありがとう」「ごめんなさい」「いいよ」を大切にする。

・振り返りは，そのとき発表したり教師が学級通信に載せたりしてフィードバックする。

蓄積データを活用した1学期の振り返り 「楽しいだけの活動」に反省

楽しめる活動をアプローチに多く取り入れ,だれとでも誘い合って活動できるように,「人間コピー」「さよならジャンケン」などのエクササイズを行いました。しかし,楽しいだけの活動や競争に走ってしまうことが多く,早くできない子が友達から責められることがありました。教師の思いが先行して,学級状態の見たて(現在地)に基づくアプローチになっていなかったと感じました。振り返りのフィードバックも十分にはできず,活動あって学びなしの感があったと反省しました。

指導行動を振り返るために,記録をとった結果は以下のようになりました。

蓄積データ(1学期)

課　題	やったこと	結果
けじめをつける	「せーのー,さんはい」などのかけ声を入れてから,活動に入る。	＋
けじめをつける	リズムとテンポのある授業。	＋
ルールづくり	授業の導入で「船長さんの命令です」を取り入れる。	±
ルールづくり	質問にていねいに答える。	±
仲間づくり	帰りの会などにエンカウンターを行う。	－

○うまくいった要因(けじめをつける)

「次に何をすればいいのかわからない」という不安をもつ子どもが出ないように,「ゲーム的な活動→一斉授業→ペア学習→班での学習」など,授業に一定の流れをつくり,かけ声や掲示物を貼りながら説明しました。

●変化がなかった要因と改善策(ルールづくり)

「船長さんの命令です」の取り組みでは,途中から,船長さんの命令を守る子どもと,命令がなくても動いていいのか迷う子どもが出てきました。

ルールづくりが，あいまいな形でなし崩し的に終わってしまいました。今後は，「命令」の終わりのタイミングを子どもたちに示すようにします。

例えば，「船長さんの命令がしっかり守れましたね。みなさん，すばらしいです。そんなみなさんなら，先生が『船長さんの命令です』と言わなくても守れると思います。ここからは，『船長さんの命令です』とは言いませんが，先生が言うことは船長さんの命令だと思ってしっかり聞いてください」などと話をして，教師の指示が聞けるようなやり方に変えたいと思います。

●うまくいかなかった要因と改善策（仲間づくり）

楽しく終わればいいといったゲーム的な遊びの要素が大きくなり，せっかくの仲間づくりの活動が，感情の交流や他者理解などができずに終わってしまうことが多々ありました。

改善策として，構成的グループエンカウンターとゲームとの違いを強調した説明を活動の前に入れるようにしたり，振り返りカードを活用したりして，感情の交流を促進するようにしたいと思います。

シミュレーションシート作成（2回目）　ほかの先生の助言を得て検討

2回目のシミュレーションシートは，他学年の先生方や保健室の先生にも一緒に考えてもらい，1回目のシート作成では十分にできていなかった，学級や子どもたちの状態（現在地）に適したアプローチの検討を行いました。

いろいろな先生方と一緒にシミュレーションシートを考えることによって，これまでの取り組みの成果と，新たな課題を見いだすことができました。具体的には，1回目の取り組みで，人間関係づくりが促進された分，子ども同士に遠慮がなくなり，言葉がきつくなっていることや，人の話が聞けていないという課題が出されました。

人間関係づくりなどの活動は，1学期の振り返りの改善策を取り入れて継続し，新たな課題に対して，「1年生のときの話の聞き方を思い出すように声をかける」などのアプローチを先生方と一緒に考えました。さらに，スーパーバイザーの先生にも助言をいただきました。

【シミュレーションシートの実践　小学3年生　2回目】

授業担当者：吉田遙香（仮名）

めざす学級像
- ☐ お互いの弱さ（注意するだけでなく，わかってあげられる）を認め合える学級。
- ☐ 安心できる学級。
- ☑ 本音が話せる学級。

具体的な行動レベル
- ☐ 友達のいいところを見つけて伝える。伝えてもらったら「ありがとう」と言える。
- ☐ 誘い合って活動する，遊ぶ。
- ☑ 人の意見や話をしっかり聞く。

現在地（●課題と○リソース）
- ●忘れ物が多い。
- ●元気がよすぎて，ルールが守れないことがある。
- ●人間関係が固定化している。
- ○仲がいい（教え合い学習でも嫌がらない）。
- ○休み時間などに1人でいることはない。

2学期の現在地
- ○聞き方ゲーム（SST）などで，おへそを向けて話が聞けるようになった。
- ●仲間づくりが進んだ分，トラブルが増えた。

アプローチ
仲間づくり
- ☐ 言葉で伝える前に，書いてから友達に伝えるようにする。

- ☐ 活動の振り返りなどに，他者による評価を入れる。

- ☐ 言われて嫌なことも話題にして，みんなで考える時間を設ける（言葉を選んでほしい，「悪気はないけど」「でもいや」といったギャップを埋めるような活動）。

第5章 2つのヒントの合わせ技 実践編

　2回目のシミュレーションシートでは，「仲間づくりが進んだ分，トラブルが増えた」という課題をターゲットにして，めざす学級像を「本音が話せる学級」に，具体的な行動レベルを「人の意見や話をしっかり聞く」を掲げました。アプローチとしては，「言われて嫌なことを考える」など，相手の気持ちを考えて，言葉を選んで伝える方法を学ぶ活動を取り入れました。

蓄積データを活用した2学期の振り返り　ルールづくり，話の聞き方が改善

　ルールづくりでは，1学期の振り返りで検討した「船長さんの命令です」の終わりのタイミングを子どもたちに示すようにしました。授業などいろいろな活動で，子どもたちに始めと終わりのタイミングを示すことで，「船長さんの命令です」と言わなくても，指示が聞けるようになってきました。

　シミュレーションシート作成2回目にあたっての新たな課題「人の意見や話をしっかり聞く」ことについては，ほかの先生方から，楽しい活動の中で話をしている人のほうを向く活動などを教えていただき，授業の最初や帰りの会の中で行いました。

　新たな課題について取り組んだ結果は，以下のようになりました。

蓄積データ（2学期）

課題	やったこと	結果
ルールづくり	授業の導入で「船長さんの命令です」を取り入れる。	＋
人の意見や話をしっかり聞く	言われて嫌なことも話題にして，みんなで考える時間を設ける。	－
人の意見や話をしっかり聞く	言葉で伝える前に，書いて伝える。	±
人の意見や話をしっかり聞く	1年生のときの話の聞き方を思い出すように声をかける。	＋
仲間づくり	振り返りカードを活用する。	＋

○うまくいった要因（ルールづくり）

　いろいろな活動で，始めと終わりのタイミングを示すことによって，「船長さんの命令です」と言わなくても，指示が聞けるようになってきました。

○うまくいった要因（人の意見や話をしっかり聞く）

　1年生のときの担任の先生からアドバイスをいただき，当時の話の聞き方を再確認し，聞き方のルールをリセットして取り組みました。その結果，話をしている人のほうを向いて，話を聞くことができるようになってきました。

取り組みの成果・併用の効果　両者の併用で，R-PDCAサイクルづくり

○本取り組みの振り返り

　1回目のときはうまくいかなかった「船長さんの命令です」の取り組みでは，2回目のシート作成時には，どう子どもたちに言えば伝わるのか，具体的な言葉を考え，実施することで，ルールづくりが定着してきました。

　また，シート2回目の作成時には，さまざまな先生方のアドバイスを得ることで，より効果的な具体策を立てることができました。おかげで，課題だった「人の意見や話をしっかり聞く」ことが，できるようになってきました。

○シミュレーションシートと蓄積データ併用の効果

　シートを作成してアプローチを実践することで，子どもたちに活動のねらいを具体的にわかりやすく伝えることができるようになったと思います。ねらいがはっきりすることで，子どもたちの成長を具体的な行動で表すことができ，自分も子どもたちも確認することができました。

　シミュレーションシートと蓄積データの両方を活用することで，自分の実践を細かく振り返り，できていること，できていないことを確認・修正することができたと感じています。さらに，両者の併用によって，「学級の状態・子どもたちの現在地の把握→計画を立てる→アプローチ（実践）→評価→改善→2回目の現在地の把握（新たな課題の発見など）→新たな計画を立てる→アプローチの見直し→再評価→改善」……というR-PDCAサイクルを自然に行うことができるようになったことは，大きな成果だと思います。

おわりに

　「実践がなかなかうまくいかない……」とお悩みの先生に，ぜひ試していただきたいのが，本書でご紹介してきた2つのヒント，シミュレーションシートと蓄積データです。この2つのヒントをもとに，一度やってみると，知らず知らずのうちに身についていくから不思議です。

　本書でみてきたように，シミュレーションシートの活用によって，子どもたちの様子・学級状態についてアセスメントし，ねらいを見定めたうえで，学級指導を行う際のストラテジーを立てることができます。

　シートを記入したら，実践の前に，頭の中で，あるいは教員仲間とともに，繰り返しシミュレーションしてみることが大切です。シミュレーションするとは単位時間の中でうまく流れるかどうかということです。少しでも段差を感じたり違和感があったりしたら，もう一度考えてみることです。そうすることで，「これがダメならあれで行こう」と，しだいにレパートリーが増え，自然と学級指導のストラテジーが身についていきます。

　いっぽう，蓄積データをとり，いままで無意識に行っていた自分の指導方法をセルフモニタリングする体験をした先生は，しだいに書かなくても自然にセルフモニタリングできる力が備わってきます。

　教師自身が「自分は何ができて何ができないか」を冷静に分析し，「これならできそうだ」と思える次なる一手を考えて行動することができるでしょう。つまり，蓄積データという形で意識しなくてもできるようになると，メタ認知の高い先生（うまい先生）に近づけるのです。

　シミュレーションシートと蓄積データ，両輪を稼働させることで，**あなたの実践は今日から変わります！**

鹿嶋真弓

■編著者

鹿嶋真弓（かしま・まゆみ）

高知大学教育学部准教授。博士（カウンセリング科学）。都内公立中学校教員，逗子市教育研究所所長を経て平成25年1月より現職。平成19年にはNHK『プロフェッショナル 仕事の流儀』で，中学校教員時代の実績が紹介された。平成20年には東京都教育委員会職員表彰を，また，平成21年には文部科学大臣優秀教員表彰を受けた。
全体編集，第1章，第2章1・2節執筆，第3章事例提供

吉本恭子（よしもと・きょうこ）　高知市立西部中学校教頭

第4章執筆，第3章事例提供

村上達也（むらかみ・たつや）　高知工科大学共通教育教室講師

第2章3節執筆

■執筆協力・事例提供

都築郁子（つづき・いくこ）　　高知大学教育学部附属幼稚園教諭
西森一彰（にしもり・かずあき）　高知県心の教育センター指導主事
若林庄司（わかばやし・しょうじ）高知県津野町立精華小学校教諭

2016年8月現在

うまい先生に学ぶ
実践を変える2つのヒント
学級経営に生かすシミュレーションシートと蓄積データ

2016年10月10日　初版第1刷発行　［検印省略］

編 著 者	鹿嶋真弓 ⓒ	
発 行 人	福富　泉	
発 行 所	株式会社 図書文化社	
	〒112-0012　東京都文京区大塚1-4-15	
	Tel. 03-3943-2511　Fax. 03-3943-2519	
	振替　00160-7-67697	
	http://www.toshobunka.co.jp/	
組　　版	株式会社 Sun Fuerza	
編集・校正	辻由紀子	
印　　刷	株式会社 厚徳社	
製　　本	株式会社 村上製本所	

乱丁・落丁本の場合はお取り替えいたします。
定価はカバーに表示してあります。
ISBN 978-4-8100-6683-8　C3037

JCOPY〈(社)出版者著作権管理機構 委託出版物〉
本書の無断複写は著作権法上での例外を除き禁じられています。複写される場合は，そのつど事前に，(社)出版者著作権管理機構（電話03-3513-6969，FAX 03-3513-6979，e-mail：info@jcopy.or.jp）の許諾を得てください。

教職や保育・福祉関係の資格取得をめざす人のためのやさしいテキスト

たのしく学べる 最新教育心理学

桜井茂男 編　　　　　　　　　　A5判／256ページ　●定価 本体2,000円+税

目次●教育心理学とは／発達を促す／やる気を高める／学習のメカニズム／授業の心理学／教育評価を指導に生かす／知的能力を考える／パーソナリティを理解する／社会性を育む／学級の心理学／不適応と心理臨床／障害児の心理と特別支援教育

学習意欲を高め，学力向上を図る12のストラテジー

科学的根拠で示す 学習意欲を高める12の方法

辰野千壽 著　　　　　　　　　　A5判／168ページ　●定価 本体2,000円+税

「興味」「知的好奇心」「目的・目標」「達成動機」「不安動機」「成功感」「学習結果」「賞罰」「競争」「自己動機づけ」「学級の雰囲気」「授業と評価」の12の視点から，学習意欲を高める原理と方法をわかりやすく解説する。

「教職の意義等に関する科目」のためのテキスト

新版 教職入門 —教師への道—

藤本典裕 編著　　　　　　　　　A5判／224ページ　●定価 本体1,800円+税

主要目次●教職課程で学ぶこと／子どもの生活と学校／教師の仕事／教師に求められる資質・能力／教員の養成と採用／教員の地位と身分／学校の管理・運営／付録：教育に関する主要法令【改定教育基本法・学校教育法・新指導要領】

教育評価事典

辰野千壽・石田恒好・北尾倫彦 監修　　A5判／上製函／624ページ
　　　　　　　　　　　　　　　　　●定価 本体6,000円+税

主要目次●教育評価の意義・歴史／教育評価の理論／資料収集のための技法／知能・創造性の評価／パーソナリティ，行動，道徳の評価／適性，興味，関心，態度の評価／学習の評価，学力の評価／各教科・領域の評価／特別支援教育の評価／カリキュラム評価と学校評価／教育制度と評価，諸外国の評価／教育統計とテスト理論

わかる授業の科学的探究

授業研究法入門

河野義章 編著　　　　　　　　　A5判／248ページ　●定価 本体2,400円+税

主要目次●授業研究の要因／授業を記録する／授業研究のメソドロジー／授業ストラテジーの研究／学級編成の研究／発話の研究／協同の学習過程の研究／発問の研究／授業タクティクスの研究／空間行動の研究／視線の研究／姿勢とジェスチャーの研究／板書の研究　ほか

教材に関して「専門的な資質・能力」を身に付けるためのテキスト

教材学概論

日本教材学会 編著　　　　　　　A5判／212ページ　●定価 本体2,000円+税

主要目次●教材とは／教材に関する制度・作成・研究と教材の歴史／教材の種類，性格，機能／教育・心理検査と教材／学習指導要領と教科書，補助教材／情報通信技術と教材／教科と教材研究／道徳教育と教材　ほか

〒112-0012 東京都文京区大塚1-4-15　図書文化　TEL03-3943-2511　FAX03-3943-2519
　　　　　　　　　　　　　　　　　　　　　　　http://www.toshobunka.co.jp/